KB058690

지무비의
유튜브 엑시트

* 본문 중 일부는 저자의 표현에 따라 신조어를 사용하거나
  맞춤법 원칙과 다르게 표기했습니다.

무일푼 취준생을
월수입 억대
크리에이터로
만든 실전 노하우

지무비의
유튜브
엑시트

자본금 5만원으로 5년 만에 경제적 자유를 이룬 비밀
평범한 당신이 성공할 수 있는 마지막 출구 전략!

PROLOGUE

평범한 취준생이
200만 유튜버가 되기까지

영화 포레스트 검프에 이런 대사가 있다.

"Life is like a box of chocolates. You never know what you're gonna get(인생은 초콜릿 박스와 같지. 뭐가 나올지 절대 모르거든).*"*

사자성어로는 인생 새옹지마. 즉, 인생의 길흉화복은 한 치 앞도 예측하기 힘들다는 말이다. 짧다면 짧고 길다면 긴 33년의 인생을 살면서 가장 공감 가는 말이 아닌가 싶다. 유튜버로 성공한 사람들이 대개 그렇겠지만 나 역시 처음부터 전업 유튜버를 꿈꾼 것은 아니었다. 당연히 지금처럼 200만 유튜버가 될 줄은 상상도 못했더랬다.

갓 스무 살이 되던 때 공무원을 하겠다는 막연한 생각으로 행정학과에 진학했지만, 막상 가보니 적성에 전혀 맞지 않았다. 그럼에도 매사 워낙 낙천적인 편이라 구체적인 꿈과 목표 없이도 그저 '난 잘될 거야'라는 막연한 믿음을 가진 채 무진장 놀며 세월을 흘려보냈다. 그러다 보니 이도 저도 이룬 것 없이 어느새 졸업을 앞두고 마지막 학기를 남겨두게 되었다. 발등에 불이 떨어지자 뒤늦게 닥치는 대로 원서를 넣어봤지만, 현실은 그리 호락호락하지 않았다. 선 취업, 후 졸업이 당연할 줄 알았는데 아무런 성과 없이 졸업장을 받게 된 것이다.

그래도 백수인 채로 취업을 준비하다 보니 오히려 더 집중해서 취업 준비를 할 수 있다는 장점도 있었다. 덕분에 여느 때보다 열심히 원서도 쓰고 일부 최종 면접까지 도달했지만, 마음 한편이 이상하게 계속 허전했다. 문득 뭔가가 이상하게 돌아가고 있다는 생각이 들었다. 내가 진정 하고 싶은 일에 대한 특정한 기준 없이 그저 '쓸 수 있는 곳'이 보이면 죄다 원서를 넣고 있던 것이다. 그렇게 그저 취업을 위한 취업 준비를 하고 있다 보니, 막상 취업에 성공한다 해도 그 이후의 삶이 그리 만족스러울 것 같지 않았다.

돌이켜보면 난 어렸을 때부터 자유롭게, 그리고 주도적으로 할 수 있는 일을 선호하는 성격이었다. 특히 업무적인 일을 하는 상황에서는 그런 성향이 더욱 심하게 드러났다. 예를 들어 애당초 내가 하려고 했던 일이라도 누군가 지시하면 갑자기 하기 싫어지는 이상한 청개구리 심보가 발현되곤 했다. 그런 내가, 상사의 지시에 따르는 것이 불가피한 회사에 취업을 하겠다고 이렇게 안간힘을 쓰고 있다는 게 생각해보면 참 아이러니한 일이었다.

내가 58,000% 주도할 수 있는 일을 하고 싶었고, 해야 했다. 그렇다고 사업을 하자니 창업에 대한 지식이 충분하지도 않았을뿐더러 무엇보다 가장 중요한 초기 자본금이 전혀 없었다. 그때 떠오른 것이 바로 유튜브였다. 내 마음대로 할 수 있을 뿐만 아니라, 초기 자본금이 없다시피 해도 얼마든지 도전해볼 수 있는 영상 사업 분야가 아닌가. 좀 더 과하게 말해서, 이렇게 적은 자본금으로 그저 좋은 아이디어와 센스만 있다면 그 가능성이 이토록 무한대로 펼쳐지는 기회가 인류 역사를 통틀어 또 있었을까 싶다.

갑자기 사막에서 오아시스를 발견한 것처럼 에너지가 샘솟았다. 이후로는 모든 시간과 신경을 유튜브에만 집중했다. 일단 관련 서적부터 여러 권 구입해서 공부하기 시작했는데, 지금 와서 돌이켜보면 그리 도움이 되지는 않았던 것 같다. 일종의 단순 방법론, 조금 심하게 말해서 수박 겉핥기 같은 느낌이었달까? 그게 내가 지금 이 책을 쓰게 된 이유이기도 하다. 유튜브를 하고 싶어 하는 사람들에게 정말 실질적이고 현실적인 길잡이가 되어주고 싶었기 때문이다.

우선은 시작할 당시에도 전업의 가능성을 열어두었기 때문에, 어떤 채널을 운영할지 큰 주제를 정하는 데만 해도 며칠 동안 고민을 거듭했다. 기본적으로 내가 좋아하면서도 잘할 수 있는, 즉 지속적으로 이어갈 수 있는 분야여야 했다. 또 조회를 통한 수입은 물론이거니와 외주 광고의 가능성까지 열어두고 싶었다. 그리고 이 모든 조건을 충족시키는 데는 영화 채널이 제격이라고 생각했다.

채널 주제를 정하자마자 바로 첫 영상을 만들기 시작했다. 첫 영상은 영화 〈겟아웃Get Out〉을 주제로 한 것이었다. 물론 그때까지만 해도 영상을 만들어본 경험은 단 한 번도 없었다. 프리미어 프로는 개뿔, 몇 년째 업데이트가 이루어지지 않아 지금은 거의 사장되었다시피 한 윈도우 무비메이커를 이용했다. 그나마도 프로그램 다루는 법도 모르는 상태에서 무작정 독학으로 시작했으니 당연히 시간이 정말 오래 걸렸다. 거의 일주일 넘게 밥 먹고 자는 시간을 제외한 모든 시간을 그 15분짜리 영상을 만드는 데에 쏟았다. 물론 지금은 눈 뜨고 봐줄 수가 없어서 삭제했지만.

그럼에도 내가 단언할 수 있는 것은, 이론으로 차근차근 배워보는 것보다 이렇게 바로 실전으로 부딪치고 시행착오를 겪으며 배우는 것이 훨씬 빠른 길이라는 점이다. 사실상 이 첫 영상을 만들면서 익혔던 것이 한 달간 여기저기 기웃거리며 공부했던 지식보다 몇 배는 많았던 것 같다.

그렇게 우여곡절 끝에 첫 영상을 업로드했다. 처음 달린 댓글은 가히 충격이었다. "화장실에서 녹음했냐? 음질이 왜 이 따위냐." 음…… 물론 화장실에서 녹음하진 않았다. 다만 5,000원짜리 마이크를 사용했다 허헛. 댓글을 보고 영상을 다시 틀어보니 정말 화장실에서 녹음한 것 같았다. 당시 내 전 재산은 29만 원. 이왕 할 거라면 제대로 해보자는 생각으로 당시 전 재산의 8할도 넘는 NT-RODE USB 마이크를 24만 원에 결제했다.

'지무비'는 그렇게 24만 원으로 시작되었다.

유튜브에 우연이란 없다

그리고 2020년 8월 15일,
유튜브 시작 2년 8개월 만에 영화 유튜버 전체 1위를,
2022년 4월 24일에 구독자 200만을 달성했다.

구독자 1명에서 100만까지 걸린 기간은 2년 6개월

200만이 되는 데 4년 5개월

100만에서 200만이 되는 데에는 1년 11개월이 걸렸다.

구독자 1명(셀프 구독)으로 채널을 시작했을 당시엔 상상하지 못했던 숫자들이다. 하지만 지금은 내가 채널을 새로 개설해도 종국엔 똑같이 200만에 도달할 자신이 있다. 이 숫자에 도달하기 위해 4년간 그야말로 모든 시간을 유튜브에 바쳤고 연구하고 달려왔다. 그 결과, 유튜브에 우연이란 없다는 것을 깨달았다. 망하는 채널, 잘되는 채널, 잘됐다가 갑자기 잘 안 되는 채널, 갑자기 '떡상'하는 채널, 망하는 영상, 잘되는 영상, 갑자기 터지는 영상 모두 다 그 이유가 있다. 내가 4년이란 시간 동안 갈고닦고 축적한 모든 노하우를 이 책에서 풀려고 한다.

절대,

유튜브에 우연이란 없다.

PART 3
유튜브 알고리즘 공략하기

PART 4
유튜브 실전 핵심 노하우 7

PART 5
유튜브 심화 단계

유튜브

고민 타파

기적과 같은 알고리즘
시스템을 통해서
레드오션이라는 개념이
없는 유일무이한
플랫폼을 만들어냈다.

PART 1

01 지금 바로 유튜브에 도전해야 하는 이유

인류 역사를 통틀어 본다고 해도, 거의 제로에 가까운 초기 자본금으로 무한한 가능성을 내다볼 수 있는 사업 기회가 또 있었을까? 나는 유튜브가 거의 유일무이하다고 본다. 요즘에는 다들 집에 하나씩은 구비하고 있는 컴퓨터, 영상을 촬영할 수 있는 스마트폰, 그리고 창의적인 아이디어만 있으면 가능성이 무한대로 펼쳐지는 기회의 땅. 더불어 100% 자기주도적으로 하고 싶은 것을 마음껏 도전해볼 수 있는 자유로운 플랫폼. 누구나 발을 들이고 자신의 재능과 능력을 펼쳐

볼 수 있는 기회가 눈앞에 있는데, 시도해보지도 않고 놓쳐버리기에는 너무 아깝지 않은가?

아마 이미 유튜브를 하고 싶다는 생각 정도는 늘 마음 한편에 씨앗처럼 품고 있는 분들이 많을 것이다. 실제로 내가 유튜브로 어느 정도 알려지고 나서 주변 사람들에게 가장 많이 들었던 이야기가 "나도 한번 해볼까?"였다. 하지만 정작 실행에 옮긴 사람은 몇이나 될까? 나에게 조언을 구했던 사람들의 실제 통계로 체감하기로는 100명 중 7명 정도다. 그나마 7명 중에서 5명은 초반 채널 생성 단계에서 그치거나 영상 몇 개만 올리고 그만두는 수순을 밟는다. 그렇게 남은 2명 정도만 꾸준히 채널을 이어서 운영한다.

이처럼 유튜브를 시작하고 싶다는 생각은 하더라도 정작 몇 년째 시작은 못 하고 있거나, 계정을 만들긴 했지만 본격적으로 꾸준히 영상을 올리지는 못하고 있는 분들이 대다수인 것 같다.

제대로 마음먹고 시작하기에는 바쁜 일상에 치이는 탓도 있겠지만, 무엇보다 다른 SNS에 비해서 진입 장벽이 높게 느껴진다는 이유도 적지 않을 것이다. 막연하게 유튜브는 영상 편집이라는 전문성이 필요하다는 생각이 들기 때문이다. 특히 영상을 만들기 전에 일단 장비에서부터 막힌다. 등산하기 전에 등산복부터 사는 게 '국룰'인데, 영상을 만들기 전에도 일단은 좋은 카메라나 마이크부터 사야 할 것만 같다. 하지만 유튜브의 특징 중 하나는 저자본으로도, 별다른 장비가 없더라도 바로 시작할 수 있다는 점이다.

사실 전공자나 전문가가 아니고서야 대부분의 사람들은 스마트폰 이외의 전문적인 영상 기기를 접할 일이 별로 없고, 편집 프로그램 역시 만져볼 일이 없이 살아왔을 것이다. 그러니까 오히려 처음에는 굳이 프리미어 프로 같은 유료 프로그램을 사용할 필요도 없다. 시중에 무료로 풀려 있는 곰 믹스 같은 프로그램은 누구나 쉽게 알 수 있도록 직관적으로 구성되어 있어서, 처음 사용하더라도 이것저것 만져보면 의외로 쉽게 익힐 수 있다. 초보자라면 그런 걸로 감을 잡는 것부터 시작하면 된다.

다시 말해, 지금 유튜브를 어떻게 잘할 수 있을까 아직 고민만 하고 계신 분들이라면 일단 당장 시작부터 하시라고 단호하게 조언하고 싶다. 시작하기 전에 1년 동안 이론만 공부하는 것보다, 당장 만들어보면서 한 달 안에 배우는 것이 훨씬 많을 거라 확신한다. 심지어 이 원칙은 편집 툴을 배우는 것에도 동일하게 적용된다. 책을 찾아보고 방법을 공부하는 것보다 무조건 아무 프로그램이나 켜고 부딪혀보며 배우는 것이 훨씬 빠르다.

전략적으로 시작하라

유튜브는 대단한 스펙이 필요하지 않다. 자기소개서에 거창한 이력을 부풀려서 적을 필요도 없다. 흔히 말하는 '관종'이 아니어도, 심지어 내가 누군지 드러내지 않더라도 누구나 성공할 수 있는 가능성이 열려 있다.

단, 무조건 꾸준히 지속적으로 한다고 성공할 수 있는 곳은 절대 아니다. 잘못된 전략과 방법으로 운영을 하면 100년을 해도 제자리에 머물게 되는 야생과도 같은 플랫폼이다. 이 책만 보면 100이면 100 성공한다는 허황된 말은 하지 않겠다. 각자가 가지고 있는 특성은 물론, 특히 재능과 센스의 요소도 무시할 순 없다. 하지만 이 책에 상세하게 담긴 나의 노하우들과 전략을 인지한 후 피나는 노력이 더해진다면 그 가능성은 기하급수적으로 올라갈 것이라고 확신한다.

거슬러 올라가 생각해보면, 싸이월드부터 시작해서 블로그, 페이스북, 유튜브 등 다양한 플랫폼들이 생겨났지만 유튜브만큼 아예 전업으로 삼아도 될 정도의 수익 잠재력과 무궁무진한 가능성을 가진 플랫폼은 없었다. 나는 앞으로도 최소한 10년 이상은 유튜브가 여전히 지금과 같은 '패왕' 플랫폼의 입지를 유지할 것이라고 본다.

또한 유튜브의 시대가 저물어도 전혀 걱정하지 않는다. 이전 블로그 시대에서 유튜브 시대로의 전환을 보면 알 수 있다. 기존 패왕의 자리에서 군림하던 플랫폼이 저물게 되는 시기는, 모든 면에서 그것을 상위 호환하는 새로운 플랫폼이 등장할 때였다. 하지만 이미 영상 플랫폼이라는 단계에 이른 지금,

그 발전의 종착 단계에 이르러 있다고 생각한다.

물론 최근 기술이 발전하여 VR이나 AR 등을 활용한 메타버스도 우리에게 친숙해지고 있지만, 단기간에 영상 플랫폼을 대체하기는 어려울 것이라고 본다. 무엇보다 이미 존재하는 플랫폼 중에서 유튜브는 이미 그러한 가상 현실 기술에 대해서도 앞서서 혁신적으로 접근하고 있다.

아울러 새로운 대체 플랫폼이 생겨난다고 해도, 같은 사람들을 상대하는 근본적인 운영 노하우와 결은 일맥상통할 수밖에 없다. 즉 유튜브를 대체하는 플랫폼이 생겨나더라도 유튜브에서 성공했던 노하우를 가지고 있다면 비슷한 결의 전략으로 빠르게 적응하고 대응할 수 있을 것이라는 뜻이다. 실제로 나는 블로그 시대 때는 네이버 블로그도 성공적으로 운영했었고, 유튜브 시대에선 유튜브로 더 크게 성장했다. 그다음 플랫폼이 도래한다 해도, 인지도라는 무기까지 생긴 지금 어렵지 않게 적응해 성장시킬 자신이 있다.

따라서 지금으로서는 가장 가능성이 넓게 펼쳐져 있는 유튜브에서 적응하고 성장하는 것이 아직 다가오지 않은 미래를 고려한다 해도 의미 있는 도전일 것이라고 본다. 더 망설일 것 없이, 바로 지금 유튜브를 시작해야 하는 이유다.

레드오션이 따로 없는
유튜브 알고리즘의 기적

유튜브를 시작하길 망설이는 사람들이 가장 많이 하는 고민 중 하나가 유튜브는 이미 포화 상태, 즉 레드오션이라는 점일 것이다. 수많은 채널이 넘쳐나는 지금, 이제 와서 유튜브를 시작하는 건 너무 늦은 것이 아닐까? 하지만 결론부터 말하자면 유튜브에는 레드오션이라는 개념이 없다. 기적과 같은 알고리즘 시스템을 통해서 레드오션이라는 개념이 없는 거의 유일무이한 플랫폼을 만들어냈기 때문이다.

쉽게 생각해보자. 우리가 유튜브를 보게 되는 경로는 어떠한가? 거의 대부분 유튜브 홈 화면의 알고리즘 추천 영상을 통해 첫 영상을 접한 뒤, 그 영상의 다음으로 추천되는 알고리즘 영상을 보거나 아니면 다시 홈 화면으로 돌아와 알고리즘이 추천하는 또 다른 영상을 보게 될 것이다.

이는 내 채널의 실제 트래픽 소스 유형을 봐도 알 수 있다.

'지무비' 채널의 2022년 4월 트래픽 소스 유형

트래픽 소스 유형
조회수·4월

트래픽 소스

탐색 기능		46.2%
추천 동영상		40.1%
YouTube 검색		4.9%
채널 페이지		4.7%
기타 YouTube 기능		1.4%
기타		2.7%

탐색 기능은 유튜브를 처음 켰을 때 홈 화면에서 추천되어 유입된 경로를 뜻하고, 추천 동영상은 특정 동영상의 다음 영상에 추천되어 유입된 경로를 뜻한다. 직접 검색해서 들어오는 경우는 4.9%에 불과하다.

경쟁자가 많아서 유리한 점

그렇다면 홈 화면의 영상과 추천 동영상은 무엇을 기반으로 추천되는 것일까? 잘 알려져 있듯이 알고리즘은 우리가 평소에 많이 보는 주제의 영상에 기반하여 동영상을 추천해준다. 예를 들어 영화 유튜브 '지무비'의 영상을 본 다음에는 어떤 영상이 추천되겠는가? '지무비'의 또 다른 영화 소개 영상, 아니면 다른 영화 유튜버의 영화 소개 영상일 확률이 매우 높다. 영화 소개 영상을 본 사람은 그런 주제의 영상을 좋아할 것이라고 알고리즘이 판단하는 것이다. 그런 식으로 영화 소개 영상을 두 개 연달아 봤다면, 그다음 유튜브를 켰을 때 홈 화면 상단에는 또 다른 영화 소개 영상이 추천될 확률이 아주 높아진다.

그 말인즉, 영화 유튜버가 많아진다면 경쟁으로 작용할 수도 있으나 한편으론 노출될 수 없을지도 몰랐던 나의 영상이 어딘가에 노출될 확률도 그만큼 높아진다는 뜻이다. 내가 다루는 주된 콘텐츠의 경쟁자가 많아질수록 그 콘텐츠를 다루는 영상이 연이어 추천될 확률도 높아지기 때문에, 다른 분야처럼 레드오션이 부정적으로만 적용되지는 않는 셈이다. 오히려 적당히 레드오션일 경우, 알고리즘을 타는 데 유리하게 적용될 수 있다. 물론 그 와중에도 어느 정도 특출난 나만의 전략과 매력이 있어야 성공할 수 있겠지만 말이다.

아주 초반에 유튜브를 시작한 1세대 유튜버들이 빠르게 구독자를 모으는 데 있어서 아무래도 좀 더 유리한 면이 있었을지도 모르겠지만, 그렇다고 지금이 결코 늦었다고 볼 수는 없다. 사실 나도 영화 유튜버로 따지면 2.5세대쯤 될 것이다. 내가 유튜브를 시작했던 2018년 초에, 영화 유튜브 1위의 구독자 수는 대략 50만 명이었다. 그리고 당시 내 구독자 수는 딱 한 명, 나였다. 그때만 해도 한국 내에 100만 유튜버 자체가 희소하던 시절이라, 그때 체감하는 50만 구독자는 지금과는 엄청나게 다른 세상처럼 느껴지는 숫자였다. 내 앞에는 최소한

100명 이상의 영화 유튜버들이 있었고, 그때도 유튜브는 레드오션이라는 말이 나오고 있었다.

하지만 그때부터 꾸준히 영상을 만들어서 '지무비' 채널은 2년 8개월 만에 구독자 100만 명과 영화 유튜버 1등을 달성했다. 매력 있는 아이디어와 창의성, 자신만의 개성을 겸비한다면 다른 건 걱정하지 않아도 된다. 아니, 오히려 좋을 수 있다.

유튜브에 레드오션은 없다.

어떤 주제로 시작해야 할까

유튜브를 시작하기로 마음을 먹었다면, 일단 어떤 주제의 채널을 운영할 것인지 결정해야 할 것이다. 일단 채널은 만들었는데 꾸준히 지속하지 못하는 이유 중의 하나도 충분히 지속해갈 만한 적당한 주제를 정하지 못했기 때문일 수 있다. 하지만 잘 생각해보면 자신이 '덕후'라고 할 만큼 몰입하고 있는 분야는 없더라도 최소한 전공이나 관심사 하나쯤은 있기 마련이다. 그것도 모르겠다면 내가 평소에 어떤 주제의 유튜브를 자주 보는지 돌아보는 것도 좋다. 내가 즐겨 보는 채널이 곧 내가 할 말이 있는 주제일 수 있기 때문이다.

물론 채널의 유형을 따지고 들여다본다면 재미, 정보 전달, 취향 공유 등 다양한 목적이 존재한다. 때로는 특정 유형의 주제가 살짝 유행하는 듯한 분위기도 있다. 하지만 굳이 그걸 의식하고 따라갈 필요는 없다. 영상 자체의 퀄리티가 좋고 몰입감이 있다면 어떤 주제든, 어떤 목적의 채널이든 결국 잘 될 수 있기 때문이다. 어떤 주제로 유튜브를 시작할지 고민될 때, 한 번쯤 고려해볼 만한 항목으로 두 가지 정도를 권하고 싶다.

자신이 좋아하고 자신 있는 것

제일 중요한 기본 전제 조건이다. 아무리 좋아하는 것이라도 그게 직업이 되었을 때는 어느 순간 재미가 반감되는 것은 어쩔 수 없다. 그걸 감안하더라도 꾸준히 지속해나가기 위해서는 기본적으로 내가 좋아하는 것을 다뤄야 할 것이다. 무엇보다 누가 시켜서 하는 일이 아니라 내가 100% 주도

적으로 결정할 수 있는 일을 시작하면서 군이 내가 좋아하지
않는 분야를 선택할 이유가 있을까?

좋아만 해서도 안 된다. 자신 있는 분야여야 한다. 자신이 좋
아하는 것을 즐기며 꾸준히 하면 언젠가 성공할 수밖에 없다
는 말은 그저 꿀 발린 소리에 불과하다. 그랬으면 누구나 유
튜브로 성공했을 것이다. 그야말로 내가 만든 영상에 의해
100% 모든 것이 결정되는 이 야생의 세계에서는 본인이 잘
하는 것을 해야 성공 확률이 높아진다. 좋아하면서도 잘하는
것이면 가장 좋겠지만 만약 좋아하는 것 vs. 잘하는 것 중에
하나를 선택해야 한다면 후자를 선택해야 할 정도로 중요하
다. 또한 추후 채널이 잘되면 잘될수록 많은 사람이 보게 될
것이고, 그러면 더 정확한 정보 전달을 필요로 하게 된다. 물
론 일단 시작하고 나서 차차 전문성을 확보하는 방법도 나쁘
지는 않다. 하지만 내가 그 분야에서 차차 전문성을 확보할
수 있을 거라는 확신은 필요하다. 거두절미하고 일단 선택을
했다면, 그 분야의 전문가가 되기 위해서 지속적으로 노력해
야 한다. 유튜브에 우연은 없으니까.

시장의 파이가 큰 것

유튜브를 전업으로 하기 위해서는 시장의 파이도 고려해야 한다. 예를 들어 식물 유튜버로 그 분야의 1위가 되었다고 가정해보자. 식물 유튜브 영상을 보는 사람이 대한민국에 총 몇 명이나 될까? 많이 잡아도 10만 명 이하일 것이다. 그 정도라면 유튜브를 전업으로 하기는 어렵다. 유튜브에서 어느 정도 충분한 수익을 내기 위해서는 시장의 파이가 그만큼 큰 분야를 선택할 필요가 있다. 이미 경쟁자가 많아도 괜찮다. 앞서 말했듯이 경쟁자가 많은 레드오션이라는 것은 그 시장의 파이가 크다는 방증이기도 하기 때문이다.

시장의 파이가 어느 정도인지 체크하는 방법은 가장 기본적으로 구글 트렌드에서 트래픽의 양을 확인하는 방법이 있다 (https://trends.google.co.kr/trends).

① 구글 트렌드에서 원하는 분야의 키워드를 검색해본다.

② 원하는 키워드의 트래픽 양을 다른 키워드와 비교해서 확인해본다.

③ 유튜브에서 해당 주제 영상들의 평균 조회수를 검색해서 계산해본다.

구글 트렌드 검색창

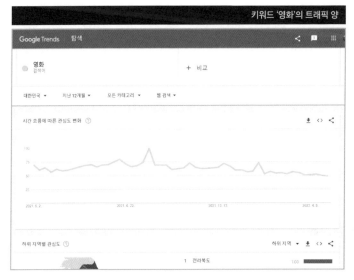

키워드 '영화'의 트래픽 양

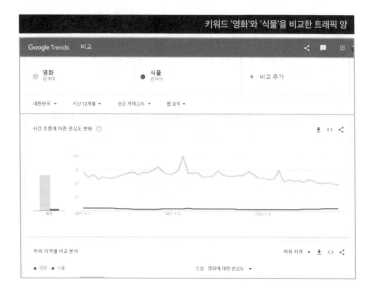

구글 트렌드는 실시간으로 전 세계에서 가장 인기 있는 트렌드가 무엇인지 확인할 수 있는 지표다. 최근 몇 년간 시간의 흐름에 따라 해당 주제에 대한 관심도의 변화도 들여다볼 수 있다. 키워드는 총 5개까지 비교 검색이 가능하다. 검색 결과를 보면 '영화'에 대한 관심과 '식물'에 대한 관심도가 크게 차이가 나는 것을 확인할 수 있다. 이 방법 외에 유튜브에서 원하는 분야를 검색해서 나오는 영상의 평균적인 조회수를 비교해봐도 사람들의 관심도, 즉 시장의 파이를 대략적으로 파악할 수 있다.

얼굴 공개와 비공개의 장단점

04

유튜브를 시작할 때 얼굴을 공개하는 부분이 부담 스러울 수 있다. 카메라 앞에서 말하는 게 익숙한 사람들도 있지만, 대부분의 일반인들은 잘 해보지 않았던 일인 만큼 생 각보다 어색할 것이다. 사실 나도 그렇다. 물론 '지무비'는 영 화 채널이기 때문에 굳이 얼굴이 나올 필요가 없기도 했지만, 얼굴을 꼭 공개하지 않아도 채널은 성장시킬 수 있다. 이미 얼굴이 드러나지 않은 채 성공적으로 운영되고 있는 다양한 채널의 사례들이 넘쳐난다. 얼굴 대신에 AR 이모지나 시그니처 캐릭터를 활용하는 '알간지Alganzi', '우왁굳'과 같은 채널들도 그 예다.

다만 얼굴 공개를 하는 것에 확연한 장점은 있다. 일단 충성 구독자들을 모으기에 유리하다. 아무래도 형체가 있는 것을 선호하는 게 사람들의 특성이다. 얼굴이 나오면 내가 즐겨 보는 유튜버와 내적 친밀감이 쌓이면서 그 콘텐츠를 넘어 그 사람 자체와 친밀한 느낌이 들게 된다. 그래서 얼굴 공개의 유무는 충성 구독자를 보유하는 데에 큰 영향을 미친다. 특히 조회수 대비 '좋아요'의 비율이나, 구독자 전환의 비율을 봐도 큰 차이가 난다. 또한 이후 채널이 성장했을 때 얼굴 공개가 필요한 광고 모델을 한다든가 방송 출연을 하는 등 사업의 다각화에 유리하다는 장점도 있다.

물론 반대로 얼굴 공개의 단점도 있다. 기본적으로는 유명해질수록 사생활이 없어질 수 있다는 점이다. 지금 당장은 와닿지 않을 수도 있지만, 많은 유명인들이 가장 부러워하는 것이 "돈은 많이 벌면서 유명하지 않은 것"이라고 흔하게 말할 정도로 나중에는 꽤 스트레스가 될 수도 있는 부분이다. 반면 얼굴을 공개하지 않을 경우, 어지간한 개성과 매력 있는 편집 능력을 보여주지 않으면 충성 구독자를 모으기 쉽지 않다는 단점이 존재한다. 영상 퀄리티로 승부를 봐야 하기 때문에 충성 팬들을 모으기 위해선 한 차원 높은 편집 기술과 센스가 요구된다. 하지만 다시 말해서 내 아이덴티티가 확실하고 좋은 영상을 보여준다면 얼굴을 드러내고 싶지 않다고 해서 지레 좌절할 필요는 없다는 뜻이다.

얼굴이 안 나오면 목소리가 좋아야 할까

'지무비' 채널처럼 얼굴을 드러내지 않고 영상을 만든다면 오디오도 상당히 중요한 영상 구성 요소가 될 것이다. 중요하다는 건 타고난 목소리 자체가 얼마나 예쁘고 멋있느냐를 말하는 것이 아니라, 얼마나 사람을 몰입시킬 수 있느냐 하는 점이 포인트다. 쉽게 생각했을 때, 결혼식을 가더라도 사회자에 따라서 집중이 잘 되는 목소리나 말투가 있는가 하면 귀에 잘 꽂히지 않아서 친구들과 자꾸 떠들게 되는 경우도 있다. 오디오를 통해서 사람들이 이 영상에 충분히 몰입할 수 있고, 그래서 영상을 중간에 꺼버리지 않고 지속적으로 시청한다면 결과적으로 알고리즘의 영상 평가에도 매우 큰 영향을 미치게 된다.

채널 콘셉트에 따라서 아예 목소리가 들어가지 않는 영상을 만들 수도 있다. 예를 들어 자신의 오디오 대신 AI 목소리를 쓰는 경우도 있는데 개인적으로는 추천하고 싶지 않다. 물론 이 역시 훌륭한 기획과 콘셉트를 잡아서 성공적으로 사용할 수도 있겠지만, 정말 잘 만들지 않고서는 살짝 영상 공장 같은 느낌이 나는 것도 사실이기 때문이다. 목소리에 자신이 없더라도 몇 번 녹음해서 들어보고, 부족한 점을 채워가면서 다시 녹음해보면 어느 정도 만족스러운 지점을 찾게 될 것이다. 처음에는 내 목소리를 녹음해서 들을 만한 경험이 없다 보니 어색하게 느껴지지만 자신한테 어울리고 자연스러운 톤을 찾으면 훨씬 편안하고 익숙해질 수 있다.

얼굴 비공개로 운영 가능한 수많은 종류의 채널들

영화 채널	지무비, 고몽, 김시선, 삐맨
지식 채널	리뷰엉이, 지식한입, 지식해적단
요리 채널	칩chip, 고기남자, 먹어볼래, 1분요리 뚝딱이형
종합 게임 채널	우왁굳, 우주하마
제작 채널	사나고, 딱지 DDAKG
ASMR	ASMR PPOMO 뽀모, 한세HANSE, 미니유 Miniyu ASMR, 지읒asmr
기획형 채널	odg, Pixid
더빙 및 애니메이션 채널	장삐쭈, 총몇명, 짤툰, 키에커
정보 채널	호갱구조대, 1분미만, 알간지, 이슈텔러
반려동물 채널	밀키복이탄이, 시바견 곰이탱이여우, THE SOY 루퐁이네, 슈앤트리, 아리둥절

＊추후 다시 언급하겠지만, 이렇게 채널의 예시를 제시하는 이유는 단순히 그 채널을 모방하고 따라하라는 것이 아니다. 본인만의 특색과 여러 채널의 장점을 결합한 매력 있는 채널을 추구하는 것, 즉 진정한 의미의 벤치마킹을 추천하기 위해서다.

05

영화 유튜버가
가장 많이 받는 질문, 저작권

내가 메일로 굉장히 많이 받는 질문 중의 하나는 바로 저작권에 대한 것이다. 특히나 영화 유튜버를 꿈꾸는 분들이라면 저작권 문제가 가장 궁금한 부분일 수밖에 없다.

우선 가장 중요한 유튜브 저작권 ID 시스템에 대해 설명이 필요할 것 같다. 유튜브에는 콘텐츠 관리 시스템인 CMS 계정이 존재한다. 1차 저작권자에게 부여되는 권한 계정으로, 1차 저작권자가 해당 계정에 본인의 콘텐츠를 업로드하면 해당 콘텐츠의 ID가 생성된다. 일종의 콘텐츠 지문 등록과도 같은 소프트웨어라고 볼 수 있는데, 누군가 콘텐츠 ID에 등록된 콘텐츠의 일부를 업로드할 경우 이를 탐지하고 해당 저작권자에게 통보해준다. 그럼 해당 저작권자는 본인이 설정해놓은 옵션에 따라서, 그 영상에서 발생한 수익을 자동으로 모두 가져오거나 차단할 수 있다. 혹은 직접 검토를 한 후 저작권 경고를 부여할 수도 있다.

누적 3회의 저작권 경고를 받으면 아무리 구독자가 많은 채널일지라도 채널이 삭제당한다. 유튜브 내에서는 치명적인 스트라이크다. 그 탐색과 판별 수준은 시간이 갈수록 높아져서 지금은 원 저작물에 온갖 변형을 가해 올리더라도 잡아낼 수 있는 수준이라고 한다.

이렇게 수익 몰수와 차단 경고를 할 수도 있지만, 사전 협의된 유튜버에게는 유튜브에서 직접 사용 허가 및 수익 창출 허용을 해주거나 아예 화이트리스트로 등록해 1차 창작물의 업로드를 정기적으로 허용해줄 수도 있다. 유튜브는 1차적으로 이렇게 저작권을 관리한다.

유튜브 채널을 운영하는 데 있어서 저작권은 상당히 중요한 문제다. 당연히 저작권 침해가 발생하지 않는 범위 내에서 창작물을 만들어야 한다. 당장은 저작권이 있는 음악이나 영상 소스 등을 그냥 사용해도 별문제가 없는 것처럼 보일 수도 있지만, 저작권 ID 시스템은 365일 24시간 돌아간다. 당장 발견 못한 것이라도 시간이 지나서 저작권 클레임이 들어올 수 있다. 즉 저작권이 있는 것들을 무분별하게 사용하는 것은 언젠가 반드시 문제가 발생할 수 있는 위험 요소를 안고 가는 셈이다. 간혹 몇 초 이내로 사용하면 OK라는 암묵적인 이야기를 믿는 경우가 있는데, 우연히 저작권 단속을 피해갔을 수 있겠지만 근거 없는 이야기다.

앞서 말했듯 유튜브에서는 저작권 침해가 이어지면 경고나 수익 정지 등의 조치를 취하고 있다. 만약 이런 일이 지속적으로 이어진다고 판단되면 아예 채널이 강제로 삭제되는 경우도 발생한다. 모든 유튜브 채널에서 저작권에 신경을 써야 하겠지만 완벽한 2차 저작물 채널인 영화 유튜버들은 이를 더더욱 신중하게 고려해야 한다.

저작권법상 공정 이용 등의 여러 가지 시스템이 존재하지만, 2차 저작물을 제작할 때 일단 가장 중요한 것은 1차 저작권자의 동의를 구하는 것이다. 당연한 이야기다. 현재 '지무비' 채널은 영화사, 방송사, OTT 등에서 먼저 영상 제작 요청이 무수히 들어온다. 만약 제작 요청이 들어오는 작품 외의 영화를 리뷰하고 싶을 때는 영화사에 연락을 취해서 먼저 동의를 구해야 한다. 이것이 가장 정석적이고 모범적인 방법이며 현재 내가 영상 제작을 하기 전 가장 먼저 하는 작업이기도 하다.

하지만 신규 채널은 현실적으로 소통하기가 쉽지 않을 수 있는데, 설령 피치 못하게 동의를 구하지 않고 제작하더라도 최소한의 암묵적인 룰과 공정 사용의 규칙은 생각하면서 제작을 해야 한다. 쉽게 말해서 서로 '윈윈'할 수 있는 관계가 되어야 한다는 것이다. '지무비' 채널에 영상 제작 요청이 들어오는 것도 채널의 파급력과 영향력이 콘텐츠에 도움이 된다고 보기 때문일 것이다. 어찌 보면 1차 저작물에 새로운 가치를 부여해서 더 매력 있어 보이게 만드는 역할이랄까? 영화사와 영화 유튜버가 서로 공생할 수 있는 이유는 여기에 있다.

최근 무수히 속출하고 있는 영화 채널을 보면 소위 '결말 포함'을 제목에 붙이는 것이 유행처럼 번지고 있는 것 같다. 영상에서도 영화의 스토리를 시작부터 결말까지 전부 요약해버린다. 저작권에 대한 인식이나 별다른 경각심 없이 이러한 영상을 업로드하고 또 시청하는 경우가 많은데, 이는 사실 상당히 위험한 행태다. 유튜브 내 시스템인 저작권 경고 세 번에 채널이 삭제되는 저작권 스트라이크의 위험은 물론이고, 더심할 경우 고소를 당해서 손해 배상 재판으로 가더라도 승리할 가능성은 0에 수렴한다. 실제로 이미 일본에서는 현재 우리나라 신규 영화 채널들에서 만연하고 있는 행태들, 즉 패스트 무비 영화 채널에 대한 영화사들의 고소가 대대적으로 이뤄졌다. 그 채널 운영자들은 당연히 패소했고 법원이 판결한 배상금액은 콘텐츠 조회수 1회당 1,900원을 산정해 총 48억 원의 피해보상금 판결이 확정됐다.

이런 추세와는 다르게 현재 한국 신규 영화 유튜브들을 살펴보면 닥치는 대로 영화 결말을 포함하는 것은 물론이거니와, 심할 경우 드라마까지 2~5시간짜리 결말 포함 영상을 찍어내고 있다. 솔직히 말하자면 현재 고소를 안 당하고 있는 게 신기할 정도다. 엄청난 시한폭탄을 마치 스노우 볼처럼 천천히 굴리는 것처럼 느껴진다.

법은 무지를 용서하지 않는다. 몇 년간 유튜브를 통해 벌어들인 소득을 고소로 인한 손해 배상 한 방에 모두 날려버리는 것은 물론, 일본의 예시처럼 회생불가의 지경이 될 수도 있다. 이것을 방지하기 위해 무엇보다 1차 저작물을 활용하는 창작자로서 당연히 1차 저작물의 권리를 존중해야 하며, 합당한 이익을 가져다줄 의무가 있고, 이 저작물에 대한 '윈윈'을 지향해야만 한다.

물론 처음에는 저작권을 침해하지 않는 선에서 영상에 활용할 수 있는 소스를 찾는 것이 까다롭게 느껴질 수 있다. 하지만 잘 찾아보면 저작권 문제가 없는 소스를 사용할 수 있는 사이트도 많이 있고, 유튜브 크리에이터 스튜디오에서도 오디오 라이브러리라고 해서 누구나 사용할 수 있는 무료 음악을 제공하고 있다. 저작권 침해에 대한 걱정 없이 활용할 수 있으니 이를 참고해도 좋겠다. 아래에서 저작권 문제 없이 사용할 수 있는 소스에 대해 좀 더 풀어 설명하려 한다.

저작권 문제 없이 사용할 수 있는 소스

+ 폰트

처음 유튜브를 시작하는 많은 사람이 폰트, 즉 글씨체의 저작권에 대해 간과하는 경우가 많다. 하지만 엄연히 폰트에도 저작권이 존재한다. 심지어 어떤 회사의 경우 무단 폰트 사용을 모니터링해서 상대방을 고소한 후 받아내는 합의금이 회사의 주 수입원인 경우도 있다. 이를 절대 비난할 순 없다. 엄연히 그들이 저작권을 가진 1차 창작물이기 때문이다.

고로, 아무 폰트나 무작정 사용해서는 절대 안 된다. 많은 유료 폰트가 있지만 그만큼 더 많은 무료 폰트가 존재한다. 무료 폰트라고 검색해 다운로드를 받거나, 아래에 첨부해놓은 상업용 무료 폰트 사이트에서 마음에 드는 글씨체를 다운받아 사용하길 권한다.

개인적으로는 산돌의 유료 폰트가 종류도 많고 활용하기 좋은 세련된 글씨체가 많다고 생각한다. 처음 시작할 땐 무료 폰트를 이용하다가 추후 수익이 생기고 유튜브를 좀 더 성장시켜보고 싶은 욕심이 들 때쯤 적절한 유료 폰트를 사용해보는 것을 추천하고 싶다.

+ BGM

당연히 BGM도 마찬가지다. 대부분의 음원은 당연히 저작권이 존재한다. 무료 음원을 사용하려면 기본적으로 유튜브에서 제공하는 무료 음원을 이용하는 방법이 있다. 유튜브 스튜디오의 왼쪽 메뉴에서 오디오 보관함을 확인해보면 정말 무수히 많은 음원이 제공되고 있는 것을 알 수 있다.

두 번째는 NCM을 검색하여 직접 다운로드받는 것이다. NCM은 NON COPYRIGHT MUSIC의 약자이다. 즉 저작권 무료 음원이라고 할 수 있다. 간혹 NCM이라고 써놨는데 유료 음원인 경우도 있기 때문에 더블 체크는 필수다.

좀 더 퀄리티 좋은 유료 음원을 사용하고 싶다면, Artlist나 Epidemicsound를 추천한다. 둘 다 사용해봤는데 개인적으로는 Artlist에 더 깔끔하고 퀄리티 좋은 노래가 많은 것 같다.

무료 소스 사이트

눈누(상업용 무료 폰트 사이트)	https://noonnu.cc
PNG 다운로드 사이트	http://pngimg.com
포토샵 브러시 사이트	https://www.brusheezy.com
무료 동영상 소스 사이트	https://coverr.co

06

전업 유튜버의
수입에 대한 오해

안정적으로 전업 유튜버가 되기 위해서는 적어도 월급만큼, 혹은 그 이상의 수익이 나와야 할 것이다. 그런데 사실 그게 어느 시점이라고 정해져 있지는 않다. 인터넷에서 보통 구독자가 1만 명이면 월 수입이 얼마, 50만 명이면 얼마라는 식으로 가늠하는 경우가 있는데 유튜브 수익은 구독자 수와 비례하지 않는다. 수익은 오로지 그 채널의 조회수와 해당 영상의 CPM에 비례한다.

CPM$^{Cost\ Per\ Mille}$이란 영상의 클릭당 수익률을 말한다. CPM은 각 채널의 표본과 통계에 따라 결정되어서 채널이나 영상마다 각기 다르다. 광고가 구매로 이어지는 비율이 높은 채널이나 영상에서는 CPM이 더 높게 책정되는 식이다. 그래서 어린 시청자들이 보는 채널의 CPM보다 어느 정도 구매력이 있는 나이대의 시청자들이 보는 채널의 CPM이 훨씬 높게 책정된다.

또 국가마다도 달라서 예전에는 한국이 조회수 1회에 1원이라는 얘기가 있었는데, 사실이 아니다. 그때도 그 이상이었지만 심지어 지금은 랭킹이 올라서 CPM 랭킹이 거의 전 세계 6위 안에 드는 것으로 알고 있다. 8분을 넘는 영상은 중간 광고를 삽입할 수 있는데 그런 경우에는 CPM이 최소 3.5원에서 많게는 6원까지 올라간다. 영상의 CPM은 채널 관리 페이지에서 확인해볼 수 있다.

쉬운 예시로 100만 구독자를 보유한 채널이 그 달에 총 10만 조회수를 기록하고, 1만 구독자를 보유한 채널이 같은 기간에 총 100만 조회수를 기록했다고 하자. CPM이 같은 영상이라고 가정했을 때 1만 구독자 채널의 수입이 100만 구독자 채널의 수입보다 10배 정도 높은 것이다. 이처럼 구독자 수는 유튜브 애드센스 수입에 전혀 영향을 미치지 않는다. 구독자 수가 수입에 영향을 미치는 경우는 추후 광고 수주 및 외주 단가 등을 감안했을 때 이야기다.

결국 구독자 수가 늘어난다고 해도 기본적으로 내가 한 달에 벌게 되는 수입을 정확하게 측정하기는 어려울 뿐 아니라 지속된다는 보장도 없다는 것이다. 이렇듯 유튜브 수입에 대해서는 일단 오해나 환상을 지우고 실제 수익 구조를 정확히 이해하고 있는 것이 좋겠다. 그런 의미에서 당장 성과가 있다고 해도 하던 일을 그만두고 유튜버를 전업으로 할 것인지에 대해서는 충분한 고민이 필요하다. 어느 정도 수익이 난다고 해도 여전히 미래를 확신할 수는 없기 때문에, 다니던 직장을 무턱대고 덜컥 그만두는 것은 권장하기 어려운 문제다.

물론 반대로 보자면 미래를 장담할 수 없기 때문에 오히려 생각지도 못한 가능성이 열리게 될 수도 있을 것이다. 앞서 언급했듯이 초기 비용도 거의 들지 않는 분야이기 때문에 도전해보는 것은 절대 나쁠 게 없다. 내 인생이 바뀔 수도 있는데,

시도하지도 않는 건 너무 아쉽지 않을까.

결론은 유튜브에만 집중할 수 있는 환경이라면 운영에 있어 더 유리할 수는 있겠지만, 리스크가 크기 때문에 하던 일을 그만두고 시작하는 것보다는 안정적인 상황에서 쉬는 날을 활용해 영상을 하나씩 만들어보는 것을 권하고 싶다. 그러다가 최소한 반년 이상 수익이 꾸준히 우상향하면서 자신의 역량과 가능성을 확신하게 된다면 그땐 조금 더 유튜브에 몰두할 수 있는 환경을 만들어도 좋다고 본다.

유튜브

초석 다지기

영상을 만들 땐 항상 보는 사람 입장에서 생각해야 한다.

유튜브 시작하는 사람들의 흔한 오해와 실수

마침내 유튜브를 시작하기로 굳게 마음을 먹고 채널을 개설하려고 하는 순간에, 가장 처음 부딪치게 되는 세 가지 문턱이 있다. 바로 채널 이름과 채널 아이콘, 채널 아트다.

본격적으로 영상을 만들기에 앞서 이 세 가지에 대해 머리를 싸매느라 시간을 흘려보내는 초보 유튜버들이 상당히 많다. 한번 정하면 절대 바꿀 수 없는 것처럼 최고의 결정을 하기 위해서 거의 목숨 걸고 엄청난 에너지를 투자하는 것이다. 하지만 내가 유튜브를 운영해온 경험상 가장 대충 정해도 될 것을 고르라면 바로 이 세 가지를 꼽고 싶다.

내가 '지무비'라는 채널 이름을 정하는 데에는 1분 정도 걸린 것 같다. 심지어 처음에는 10초 만에 '지린다'로 설정했는데, 때마침 지나가다 그 장면을 본 누나가 나에게 모욕감을 주는 말을 내뱉었고 상처를 받아 '지무비'로 수정했다. 채널 아이콘도 파워포인트로 1분 만에 만들었다. 폰트 저작권 의식조차 제대로 없었던 초창기여서, 조사해보지도 않고 아무 폰트나 갖다붙여서 만들었던 기억이 있다. 채널 아트도 마찬가지였다.

'지무비' 초창기 채널 아이콘과 채널 아트

얼핏 보아도 형편없는 채널 아이콘과 아트지만, 이대로 구독자 30만을 돌파했던 것으로 기억한다. 중요한 것은 채널 아이콘과 아트는 추후에 언제라도 수정하고 바꿀 수 있다는 점이다. '지무비' 채널 아이콘도 총 8번의 진화 과정을 거쳤다. 처음에 비하면 그나마 눈 뜨고 봐줄 만한 수준으로 조금씩 바뀌다가, 30만 돌파 후에는 전문가의 손을 빌려서 지금의 채널 아이콘과 아트로 자리잡았다.

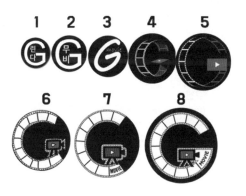

지무비 채널 아이콘 변천사

심지어 채널 이름도 언제든 바꿀 수가 있는데, 다만 채널 이름 같은 경우는 초반에 어느 정도 성장세에 돌입하는 시기에는 확실하게 정하는 것을 추천한다.

채널 생성 때부터 채널 아이콘과 아트를 결정하는 데 시간과 에너지를 쏟을 바에야 차라리 영상을 제작하는 데 투입하는 시간을 늘리는 편이 낫다. 나중에 유튜브가 어느 정도 성장하고 채널의 아이덴티티가 정립되었을 때 다시금 신중하게 정하고 바꾸어도 전혀 문제가 되지 않는다. 또한 그 무렵이면 내가 쌓아놓은 채널의 정체성에 맞는 채널 아이콘과 이름을 정하는 것도 훨씬 수월할 것이다.

좋으면 좋지만
아니어도 괜찮은 장비와 툴

마찬가지로 시작 단계에서 시간을 잡아먹는 또 다른 문제가 바로 장비에 대한 고민이다. 결론부터 말하자면 장비는 좋으면 좋겠지만, 좋지 않아도 전혀 상관없다. 영상의 성공을 수치로 100이라고 한다면, 장비와 툴이 차지하는 비중은 2 정도에 불과하다. 물론 장비가 중요한 비중을 차지하는 분야의 콘텐츠도 없지는 않다. 하지만 단언컨대, 특히 얼굴이 나오지 않는 콘텐츠 중에서 90% 이상은 장비가 좋든 나쁘든 결과물이 크게 달라지지는 않는다.

실제로 현재 구독자 100만이 넘은 유튜버들 중에서도 줄곧 자신의 휴대폰으로만 촬영을 하는 경우가 꽤 있다. 물론 '지무비'처럼 오디오가 중요한 채널이라면 마이크에 어느 정도 투자하는 것도 나쁘지는 않다. 투자라고 하니까 거창한데, 그저 5만 원 이상의 USB 마이크 정도면 괜찮다. 경험상 5만 원 이하의 제품은 음질이 떨어지는 티가 좀 나는데, 5만 원 이상만 되어도 매우 비싼 마이크 음질과 비교해도 일반인이 듣기에 큰 차이는 없다. 이후에 더 욕심을 내어 좋은 음질로 업그레이드해도 좋겠지만, 처음에는 이 정도로만 시작해도 무난할 것이다.

장비 다음으로는 편집 프로그램을 무엇으로 사용할지 고민하는 분들도 많을 것이다. 그런데 이건 더더욱 중요하지 않다. 나는 구독자 10만 명이 넘기 전까지 몇 개월간 서비스가 종료된 윈도우 무비메이커만 이용해서 영상을 편집했다. 모르는 분들을 위해 언급하자면, 윈도우 무비메이커는 만들어진 후 수 년간 업데이트 한번 하지 않은 채로 방치된, 즉 제작자도 버린 비운의 편집 프로그램이다. 하지만 직관성은 좋아서 초보가 접근하기에 쉬운 편이었다. 영상을 편집해본 경험이 전혀 없는 상태에서 감을 잡고 싶을 때 한번 이용해보는 것도 괜찮지만, 최근에는 더 직관적이고 쉬운 무료 프로그램들이 즐비하기 때문에 굳이 추천하지는 않겠다.

처음에는 곰믹스나 뱁믹스 등의 무료 프로그램으로 감을 익히고, 추후 전문 유튜버들이 많이 사용하는 프리미어 프로나 파이널 컷으로 넘어와도 된다. 직관적인 프로그램을 원한다면 파이널 컷을, 가장 대중적인 프로그램을 원한다면 프리미어 프로를 선택하는 것을 권한다. 하지만 굳이 어느 시점에서 편집 프로그램을 바꾸거나 유료로 업그레이드할 필요는 없다. 그저 자신의 손에 잘 맞고, 다루기 가장 쉬운 프로그램을 사용하면 그게 최고다. 나는 프리미어 프로가 가장 잘 맞고 무비메이커 이후 계속해서 사용해왔기에 지금은 프리미어 프로를 사용 중이다.

어떤 장비를 쓸지, 어떤 프로그램을 쓸지 고민하지 말고 지금 바로 부딪쳐보자. 시작 전에 다른 고민으로 에너지를 소모하다가 지레 지쳐서 정작 중요한 영상은 시작도 못 하는 경우가 많다. 이는 마치 헬스를 시작하기에 앞서 운동복부터 운동화까지 완벽한 풀 세트를 구입한 뒤 고작 세 번쯤 나가고 마는 것과 같다. 자기소개였다. 에헴. 게다가 지금 아무리 고민해서 장비를 맞춘다고 해도, 1년 뒤에 결과물을 다시 보면 깜짝 놀랄 만큼 어설플 것이다. 이것저것 하나씩 시도해보는 과정에서 내 스타일을 찾고 세부적인 부분도 발전시킬 수 있게 되기 때문에, 지금 단계에서는 근본적인 주제나 기획의 틀을 정하는 것이 우선이다. 그러니까 다른 고민보다는 일단 지금 손에 들고 있는 장비, 지금 바로 쓸 수 있는 프로그램으로 시작하는 것, 그게 가장 중요하다.

PART 2

10분이면 배우는 기본적인 컷 편집

+ 영상 편집 툴과 '일단 시작'을 위한 기본적인 컷 편집 설명

　10분이면 배울 수 있는 아주 기본적인 컷 편집만 공부한 뒤, 바로 편집을 시작해 이것저것 만지다 보면 자연스럽게 심화된 편집을 내 것으로 만들 수 있다. 이 책은 영상 편집 툴에 대해 가르쳐주는 책은 아니므로, 간단한 컷 편집에 대해서만 설명해보도록 하겠다.

　우선 프리미어 프로를 켜면 위쪽에는 영상 화면, 아래쪽에는 그 영상 화면을 이루는 레이어 층을 보여주는 작업창이 뜬다. 레이어 층에는 V1~V10, A1~A6 등의 이름이 붙어 있다. V1~V10은 비전, 즉 눈으로 보여지는 영상이나 이미지 그리고 텍스트를 배치하는 레이어 층이라고 생각하면 된다. A1~A6은 오디오, 즉 소리를 배치하는 레이어 층이다. 해당 구간에 영상과 이미지와 자막을 순차적으로 드래그해서 배치하면 다음과 같다.

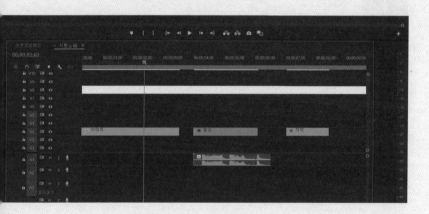

이미지와 자막은 소리가 없는 비전 형태이므로 V3 레이어에만 배치되고, 영상의 경우 소리도 존재하기에 V3 레이어와 A1 레이어에 각각 영상과 소리가 배치된다.

영상이 추출되었을 때 화면은 상단에 뜨게 된다. 비전 레이어 층의 경우 V숫자에서 숫자가 높을수록 위쪽에 배치된다고 생각하면 된다. 즉 V1에 배치한 영상에 자막을 보여주고 싶으면 해당 자막을 V2 이상에 배치해야 한다. V2에 영상을, V1에 자막을 배치하면 자막이 영상에 가려져서 보이지 않는다. 오디오는 보여지는 것이 아니므로 레이어 층의 순서는 아무런 상관이 없다.

컷 편집을 할 때는 왼쪽의 면도칼 모양을 누르거나 c를 누르면 된다. 컷을 낸 뒤, 다시 화살표 모양을 누르거나 v를 누르고, 컷 낸 영상을 움직이거나 삭제하는 것이 가장 기본적인 컷 편집이다.

드래그를 하거나, 잘라내서 구간 삭제를 하거나, 아니면 애초에 단축키를 활용해 컷 편집을 진행하면 된다. 기본적 단축키의 경우 유튜브에서 한 번만 검색해보면 자세히 알려준다. 영상 편집 과정의 50% 이상은 이 컷 편집으로 이뤄진다.

03

누구나 콘텐츠 크리에이터가 될 수 있을까

유튜버를 보통 크리에이터라고도 하는데, 말 그대로 창작자다. 사실 좀 거창해보이는 느낌이 괜히 좀 간지러워서 나는 잘 쓰지 않는 표현이지만, 그래도 하는 일을 들여다보면 확실히 유튜버는 크리에이터가 되어야 한다. 본질적으로 자신만의 독창적인 콘텐츠를 만들어내는 직업이기 때문이다. 물론 이렇게 말하면 '나는 그냥 평범한 사람인데, 할 수 있을까?' 싶은 장벽이 느껴질 수도 있겠다.

하지만 꼭 머릿속에 색다른 아이디어가 넘쳐나는 사람이 아니더라도, 또 어딘가 특이하거나 특별한 사람이 아니더라도 누구나 자신만의 매력과 색깔을 가지고 있다. 자신을 찬찬히 돌아보면 내가 뭘 좋아하고 뭘 잘하는지, 다른 사람들과 조금 다르거나 혹은 더 특징적으로 꼽을 수 있는 매력적 요소는 무엇인지 찾아낼 수 있을 것이다. 이런 나만의 매력을, 내가 롤모델로 삼았던 여러 채널의 장점과 결합시키며 '나만의 개성 있는 채널'을 만들어야 한다. 그러기 위한 방법들을 개념적인 면에서부터 실용적인 부분까지 하나하나 구체적으로 제시해 보겠다.

큰 주제와 틀 정하기

유튜브에서 영상 자체의 편집 기술보다 더 중요한 것은 콘텐츠 기획 능력이다. 실제로 편집 기술이 훌륭하면 당연히 좋기는 하겠지만, 그보다는 좋은 기획이 훨씬 더 중요하다. 영상 콘텐츠 하나하나를 기획하기 전에, 일단 큰 주제 속에서 다루고자 하는 작은 덩어리 주제부터 시작해보자. 하고 싶은 포괄적인 주제를 정했다면, 어느 정도는 가지치기를 해서 틀을 잡는 것이다. 예를 들어서 '집'이라는 주제에 대해서 유튜브를 하기로 한다면 어디부터 어디까지 다룰 것인지 가늠해볼 필요가 있다. 부동산 관점에서 접근할 것인가, 인테리어에 집중할 것인가, 아니면 살림 정보나 집밥 레시피를 중점으로 다룰 것인가?

커다란 카테고리 안에서 하고 싶은 이야기가 많다고 해도 너무 잡다한 주제로 갈라지기 시작하면 이 채널의 정체성을 알기 어려워진다. 만약 '지무비' 채널에서 영화 내용에 대한 리뷰를 하다가 갑자기 영화를 볼 수 있는 기기나 오디오에 대한 리뷰를 더 자세하게 한다면, 영화 리뷰가 궁금해서 구독했던 시청자들 입장에서는 혼란스러울 수밖에 없을 것이다. 심지어 만약 영화도 아니고 뜬금포로 식물 리뷰를 한다면? 힘들게 일궈놓은 채널을 해머로 때려 부수는 것이나 마찬가지다. 이 부분은 실제로 매우 치명적인 일종의 탈선(?) 현상을 일으키기도 하는데 심화 버전에서 더 상세히 다루도록 하겠다.

평범함을 벗어나는 딱 한 가지 매력

유튜브를 보다 보면 그 유튜버가 태생적으로나 환경적으로 가지고 있는 콘텐츠 자체가 평범하지 않고 독창적인 채널들도 있다. 인지도가 이미 엄청난 연예인이라든가, 우주 정거장에서 일하는 게 직업이라든가, 집에서 곰이나 악어를 키운다든가(?)⋯⋯. 많은 일반인과 다른 특정한 조건이나 재능이 콘텐츠가 될 수도 있고, 콘텐츠 기획 이전에 그 조건 자체만으로 흥미를 끌 수도 있을 것이다. 하지만 그렇게 시작 단계에서 이미 흥미로운 콘텐츠를 지니고 있는 경우는 극소수고, 대부분의 유튜버 꿈나무들은 아주 익숙하고 평범한 일상 속에서 남들과 다른 콘텐츠를 찾아내야 한다.

그래서 어느 정도 큰 주제를 정했다면, 그 와중에 어떤 것이라도 좋으니 나만의 색깔을 한 스푼 정도는 끼얹는다는 관점에서 아이디어를 더해보는 것을 권한다. 주제, 화면, 편집 스타일, 자막 스타일 등 영상을 구성하는 여러 요소 중에서 딱 한 가지라도 나만의 매력을 첨가해보는 것이다. 바로 이 '한 끗'이 비슷한 주제의 수많은 영상 중에서 시청자들이 굳이 내 영상을 보러 오는 이유가 되어줄 수 있다.

사실 예전에는 한 우물을 집요하게 파는 것이 정답처럼 여겨졌지만, 요즘에는 오히려 한눈을 팔고 딴짓을 해야 더 성공하는 시대이기도 한 것 같다. 직업적으로도 한 가지 전공에 대해서만 능숙한 것보다는 전혀 다른 분야의 관심사나 기술이 접목되었을 때 뜻밖의 창의적인 결과물로 이어지는 경우가 많다. 개발 관련 지식이 있는 웹 디자이너는 결과물이 만들어지는 과정에 대한 이해도가 높고, 그림을 그리는 소설가는 자신의 작품과 가장 잘 어울리는 삽화를 그릴 수 있을 것이다.

마찬가지로 자신이 좋아하고 잘할 수 있는 주제에 접목할 수 있는 나만의 매력은 무엇이 있을지 한 번쯤 깊게 고민해보면 좋을 것 같다. 나를 예로 들어보자면, 내가 처음 유튜브를 시작할 때만 해도 영화 채널은 99.99% 그저 진지하기만 한 내레이션과 설명 위주로 진행하는 경우가 많았다. 그런데 문득 반드시 진지하게 리뷰를 하거나, 영화의 대사와 장면 그리고 음악만을 사용할 필요는 없겠다고 생각했다. 사실 원본만 그대로 사용한다면 2차 창작이 아닌 2차 복제에 지나지 않은 것이 아닌가? 그래서 중간에 각종 밈을 넣기도 하고, 드립이나 유머적인 요소를 접목시켰다. 상황을 더욱 부각하거나 더 웃기게 만들 수 있는 BGM을 따로 넣는다든가, 갑자기 슬픈 음악도 넣어보고, 유행하는 짤이나 다른 영상을 추가하기도 했다. 이런 새로운 시도가 다른 채널과의 차별화와 재미를 가져온 듯하다. 이는 많은 호응을 얻으며 지무비 채널이 매우 빠르게 성장할 수 있었던 가장 큰 밑거름이 되었다.

'영화'든 '먹방'이든 '게임'이든 큰 주제를 어느 한 가지로 정한다고 했을 때, 그와 관련된 채널들은 이미 넘쳐나고 있을 것이다. 그 안에서 내 채널의 차별적인 매력을 어떻게 만들 수 있을까? 아주 작은 것이라도 좋으니, 그 지점부터 고민해서 시작해보자.

04

경쟁력 있는
유튜브 기획자 되는 법

어떤 분야든지 마찬가지겠지만 유튜브에서는 롤 모델을 설정하고 벤치마킹하는 과정이 특히 중요하다. 유튜브를 잘하고 싶다면 일단 유튜브 채널을 많이 보는 것이 기본이다. 내가 도전할 플랫폼 안에서 어떤 영상이 조회수가 잘 나오고 시청자 반응이 좋은지, 그중에서도 대세인 채널은 어떤 성격이나 편집 스타일을 가지고 있는지 파악하는 것은 창업에 앞서 일종의 시장 조사를 하는 것과 마찬가지다.

사실 이렇게 많은 영상을 보다 보면 굳이 공부하려고 하지 않아도 어느 정도 감이 생긴다. 특별히 좋아하는 채널의 특성이나 편집 스타일이 눈에 들어오기도 할 것이고, 그걸 내 채널에는 어떻게 재구성해 넣을 수 있을지도 떠올려보게 된다. 특히나 유튜브에서는 영상에 타임 스탬프가 찍혀 있는 댓글 반응 등을 통해서 많은 시청자가 선호하는 편집 방식이나 재미있게 보고 있는 트렌드 등을 비교적 쉽게 파악할 수 있다. 심지어 최근에는 타임라인 바를 드래그 해보면 아래와 같이 어떤 부분에서 시청자들이 가장 많이 시청했는지 그래프로 표시를 해준다. 이 역시 내 유튜브에 적용하고 참고할 만한 유

용한 재료가 되어줄 수 있겠다.

롤 모델 선정과 벤치마킹 노하우

일단 다른 채널들을 살펴보며 자신이 닮고 싶거나 배우고 싶은 채널을 세 개 정도 정해서 롤 모델로 선정해보자. 단, 자신과 같은 분야에서 한 채널, 그리고 전혀 다른 분야에서 두 채널을 선정해보는 것을 강력하게 추천한다. 특히나 이미 수많은 채널이 있는 레드오션 분야에 뛰어들고자 한다면 이 요령을 꼭 기억해둘 필요가 있다. 나의 경우에도 영화 채널 한 개, 평소에 즐겨보는 다른 주제의 채널 두 개를 중심으로 총 세 개의 채널을 벤치마킹하고 여기에 나만의 매력을 더해 '지무비'만의 스타일을 만들어갔다.

다만 여기에서 또 하나 중요한 것은 모방과 벤치마킹을 구분하는 것이다. 내가 벤치마킹하고 싶은 세 개의 채널을 정했다면, 그것을 그대로 따라 하는 것이 아니라 자신만의 개성과 결합하여 나만의 독자적인 색깔을 만들어야 한다. 나 역시 처음에는 롤 모델을 정해서 배우고 싶은 것은 배우되 거기에 나의 성격과 개성, 스타일을 접목했다. 덕분에 똑같이 영화 리뷰를 하면서도 기존에는 없었던 새로운 스타일의 영화 유튜버가 될 수 있었던 셈이다.

최근 급증하는 몇몇 신규 유튜브 채널들을 보면, 같은 분야에서 잘나가는 기존 채널의 말투부터 편집 방식까지 곧이곧대로 따라 하는 경우가 많은 것 같다. 하지만 단순하게 생각해보자. 같은 분야의 채널 중에서 잘나가고 있는 채널을 그저 따라 하고 모방한다면 사람들은 기존 채널을 볼까, 신규 채널을 볼까? 이 방식으로 설령 채널이 성장한다고 해도 영원한 카피캣, 잘 되어봤자 영원한 2인자 소리를 듣게 될 뿐이다. 그뿐만 아니라 시청자들도 바보가 아니기 때문에 '왜 따라 하느냐?'라는 불만을 쏟아낼 테고, 이에 따른 악플에 시달릴 것까지도 뻔한 일이다.

결국 롤 모델을 두되 자신의 채널만의 특색이나 장점, 그리고 차별점이 반드시 있어야 한다는 이야기다. 그래서 벤치마킹을 할 때는 다른 분야의 채널에서 발견한 장점과 자신만의 장점, 그리고 자신이 닮고 싶은 같은 분야 채널의 장점을 결합하여 나만의 새로운 매력을 창출하는 것이 가장 좋다. 유튜브를 즐겨보는 사람이라면 아마 '나도 저렇게 해보고 싶다'라는 마음이 드는 콘텐츠나 영상이 한 번쯤 있었을 것이다. 그지점에서 시작해서 내가 잘할 수 있는 특색을 더하여 차근차근 만들어가면 된다. 다른 사람의 편집 방식을 참고하고 배우되, 궁극적으로 나만의 콘텐츠를 만들자. 유튜브 '크리에이터'를 하기로 마음먹었다면, 창의력을 조금이라도 발휘하는 것은 필수불가결한 일이다. 이를 잘 해내기만 해도 레드오션에서 성공할 확률은 기하급수적으로 올라갈 것이다.

콘텐츠 지속성 고려하기

초반에 채널의 주제를 설정할 때 고민해봐야 하는 것 중의 하나가 콘텐츠 고갈에 대한 부분이다. 사실 이 부분에서 영화 유튜버는 유리한 부분이 있다. 영화는 지속적으로 생산될 뿐만 아니라 대 OTT 시대에 접어든 지금, 소스는 정말 무궁무진하니 말이다. 하지만 2차 창작의 특성상 저작권 문제가 늘 걸림돌이 된다는 최대 단점도 존재한다. 솔직히 말해서 초반에 시작하는 데 있어 저작권 문제는 굉장히 큰 걸림돌이기 때문에 내가 지금 새로 시작해야 한다면 개인적으론 나만의 색깔이 묻어난 특색있는 요리 채널을 만들지 않을까 싶다.

다시 본론으로 돌아와 영화가 아니라 아무리 희소한 주제를 선택한다고 해도, 끊임없이 생각하고 고민하다 보면 분명히 이어갈 만한 콘텐츠는 꾸준히 있다. 하지만 물론 콘텐츠에 대한 아이디어는 애초에 넘쳐나서 나쁠 것은 없다. 초반부터 콘텐츠의 지속성에 대해서 충분히 고민해보고, 그뿐만 아니라 이후에도 아이디어가 생각날 때마다 메모하면서 추가해나가는 것이 좋다. 콘텐츠가 없어서 영상을 못 만드는 것이 아니라, 콘텐츠는 무궁무진한데 내가 시간이 없어서 다 못할 만큼 아이디어를 저장해놓으면 훨씬 마음도 편하다.

1인 크리에이터가 할 수 있는 것

유튜버는 1인 미디어 채널이다. 혼자서 영상부터

편집까지 모든 걸 다 해나가는 것이 버겁게 느껴질 수도 있지만, 반대로 생각하면 그만큼 자유롭다는 뜻이기도 하다. 드라마 제작만 생각해도 시나리오 작가의 의도가 연출에 완벽하게 반영되어 영상이 제작되는 건 아니다. 생각했던 이미지와 다른 배우가 캐스팅될 수도 있고, 또 감독의 해석이 미묘하게 다르거나 연출에 따라서 분위기가 달라질 수도 있다. 물론 전문가들의 콜라보로 인해서 더 훌륭한 결과물이 나올 가능성이 높은 것이 사실이고, 1인 미디어는 상대적으로 완성도가 떨어질 수도 있을 것이다. 하지만 그만큼 자신의 기획과 의도를 결과물에 고스란히 반영할 수 있다는 점에서 얼마든지 자유롭게 새로운 시도를 해볼 만하다. 단, 앞서 말했듯 기존과는 결이 너무나 다른 영상을 올리는 것은 추천하지 않는다.

또 실패한다고 해서 전문가의 세계처럼 어마어마한 투자금이 사라지는 것도 아니다. 즉 방송사 영상처럼 완벽한 결과물을 내놓겠다는 욕심보다는 혼자서 하기 때문에 할 수 있는 것들에 자유롭게 도전해보는 것은 어떨까. 유튜브는 훌륭한 영상 촬영 기술이나 편집 기술보다는 센스, 감각, 그리고 개성과 매력이 더 중요한 분야다.

05

첫 영상 업로드 전에
알아두면 좋은 팁

유튜브에서 내 영상이 많은 사람들에게 추천되고
닿기 위해서는 본질적으로 그 영상 자체의 기획과 퀄리티가
가장 중요하다. 그런데 기존의 다른 SNS 플랫폼에 익숙해진
사용자들이 유튜브에서 엉뚱한 곁가지 활동에 열을 올리는
경우가 있다. 유튜브의 알고리즘에 익숙해지기 전에, 우선 영
상을 만들고 업로드할 때 알아두어서 나쁠 것 없는 몇 가지
팁을 소개해본다.

인트로의 화려한 채널 소개는 금물

흥미로운 썸네일을 보고 영상을 클릭했는데, "안녕하세요, 저는 영화를 소개하는 지무비입니다. 구독과 좋아요, 그리고 알림 설정 부탁드려요! 블라블라…"라는 멘트가 30초 동안 화려하게 흘러나온다면 어떨까. 확신하건대 초반 20초 안에 시청자 절반은 영상에서 이탈해버릴 것이다.

그런 인트로는 없는 것만 못하다. 최근 시청자들의 성미는 여러분이 상상하는 것 이상으로 급하다. 특히 1, 2초만 지루해도 바로 나가버리는 것이 유튜브 시청자들이다. 영상들의 템포가 날이 갈수록 스피디해지는 것도 다 이 때문이다. 그런 와중에 시작부터 썸네일과는 상관없는 인트로 영상이 길게 나온다면? 이는 거의 영상의 자살 행위라고 할 수 있다.

물론 '지무비' 채널의 구독자분들이라면 그럼 '지무비' 영상에는 왜 쓸데없이 채널 로고를 띄워주는 인트로 영상이 있는 것인지 의아하실 것이다. 나의 경우에는 아무것도 모를 때부터 몇 달 동안 넣었던 인트로 BGM이 채널의 시그니처로 자리매김해서 어쩔 수 없이 계속 넣고 있다. 안 넣으면 찾는 구독자분들이 많기 때문에……. 하지만 이 인트로의 경우에도 초반 영상에서는 지금보다 훨씬 길었는데, 지금은 줄이고 줄여서 딱 2초만 노출하고 있다.

절대로 쓸데없는 채널 인트로에 10초 이상 허비하며 이탈률을 셀프로 올리지 말자. "난 죽어도 시그니처 인트로를 만들어야겠다!"라고 한다면 반드시 5초 이내로 컷하고, 아니면 차라리 영상을 바로 시작하며 멋진 자막 효과 등으로 표현하는 게 더 낫다. 고몽 채널이 그 적절한 예시이자, 딱 좋은 채널 인트로 형식이라고 생각하니 참고해보면 좋겠다.

고몽 채널 인트로
스토리가 있는 모든 것 GOMONG REVIEW
죽은 남편의 물건을 정리하기 위해 일당백 김집사를 부른 한 가정 영상을 만들 땐 항상 보는 사람 입장에서 생각해야 한다. '지무비' 채널의 경우, 2초의 인트로 후에 보통 그 영화에서 가장 집중하며 숨도 안 쉬고 봤던 장면, 가장 흥미롭고 임팩트 있게 보았던 장면을 맨 앞에 배치한다. 이렇게 초반 30초 동안 시청자들의 몰입도를 극도로 끌어올리면 그 집중력이 중후반까지 지속되기 쉽다. 또한, 초반부에 사람들의 궁금증을 유발하는 장면을 제시하고 그 결과를 중후반부에 보여주는 순서 변경 방법을 활용하기도 한다. 그럴 경우 사람들이 인트로 장면의 궁금증을 해소하기 위해서 영상에서 더 오랜 시간 머물게 되는 효과가 있다.

결론적으로 쓸데없는 채널 소개 인트로는 절대 길면 안 되며, 길 바에야 차라리 없는 게 낫다. 최대한 빠르게 바로 본론부터 시작해야 한다.

검색 키워드와 태그는 1도 중요하지 않다

내 유튜브가 많은 사람에게 알려지기 위해서 검색

키워드와 태그가 중요하다는 생각에 태그 설정에 많은 고민과 시간을 투자하는 사람이 종종 있다. 하지만 핵심 검색 키워드 나 태그를 활용하는 건 예전 블로그에서나 통했던 로직이다. 이는 블로그에서 유튜브로 전향했지만 성공적으로 이전하지 못한 사람들이 돈을 벌기 위해 유튜브 강의를 하고 다니며 만 들어낸 잘못된 정보다. 그들은 유튜브로 돈을 버는 게 아니라 그 강의로 돈을 벌고 있다. 강의꾼들에게 낚이지 말자.

유튜브는 블로그가 아니다. 즉, 텍스트가 아니라 영상으로 판 단하는 플랫폼이다. 유튜브의 트래픽 통계를 살펴보면 검색 으로 들어오는 비중은 상당히 적다. 실제 '지무비' 채널의 통 계 자료를 보자. 검색을 통해 들어오는 비율은 고작 5%에 불 과하다. 심지어 이 5%도 '지무비' 채널 자체가 유명해지면서 일부러 '지무비'라는 채널명을 검색해서 들어온 사람들이 절 반 이상이다. 내 채널뿐만 아니라 다른 채널도 대부분 비슷한 통계를 보이고 있다. 검색 키워드는 전혀 중요하지 않다는 것 이다.

해시태그를 달아 올리는 태그 역시도 여러 실험을 해본 결과

시청자가 내 동영상을 찾는 방법

전체기간 ▼

2017년 11월 25일~2022년 7월 23일	조회수
탐색 기능	3.9억(52.0%)
추천 동영상	2.5억(33.6%)
채널 페이지	3862.4만(5.0%)
YouTube 검색	3819.1만(5.0%)
최종 화면	879.5만(1.2%)
기타 YouTube 기능	742.1만(1.0%)
직접 입력 또는 알 수 없음	575.8만(0.8%)
재생목록	403.6만(0.5%)
재생목록 페이지	265.0만(0.3%)
알림	226.3만(0.3%)
외부	147.4만(0.2%)
동영상 카드 및 특수효과	87.4만(0.1%)
해시태그 페이지	14.0만(0.0%)
YouTube 광고	5.6만(0.0%)
Shorts 피드	1.2천(0.0%)

대시보드	콘텐츠	분석	댓글	재생목록

여러 개의 태그를 달든, 아예 아무런 태그를 달지 않든 그 영향은 거의 똑같다고 생각하면 될 것 같다. 오히려 과도하고 거짓된 태그는 채널 커뮤니티의 경고로 이어질 수 있으니 주의해야 한다. 그저 채널 초반에 내 채널과 영상의 인식을 용이하게 하기 위하여 가장 대표적인 태그 몇 개 정도를 달아주면 충분하다. 예를 들어 내가 영화를 올릴 경우 태그는 '지무비', '영화', '영화 제목', '주연 배우 이름' 정도다.

초반 성장을 위한 외부 홍보는 오히려 마이너스다

처음 채널을 만들었을 때 구독자는 딱 한 명(본인)뿐이다. 누구나 이 초라한 숫자에서 시작하기 마련이다. 하지만 기껏 열심히 만든 영상을 봐주는 사람이 아무도 없다고 생각하면 초조해진다. 어떻게든 주변에 채널을 홍보해서 유입률을 높이고 싶은 마음이 들 수 있다. 하지만 초반 성장을 위해서 외부 홍보를 하는 건 오히려 역효과를 초래할 위험이 있다는 걸 인지해야 한다.

이후 파트에서 다루겠지만, 유튜브에서는 시청 지속률이라는 지표가 영상의 품질을 결정하는 가장 중요한 평가 기준이 된다. 즉 내 영상을 누른 사람들이 '얼마나 오래 머물러 있느냐'를 보는 것이다. 이는 유튜브의 획기적인 추천 알고리즘에 있어서 굉장히 핵심적인 지표다. 예를 들어서 썸네일은 번지르르했는데 알맹이는 없는 빈껍데기 낚시 영상이라면, 처음엔 많은 사람들이 누를지언정 보자마자 나가버릴 것이다. 그럼 시청 지속률은 기하급수적으로 떨어지게 되고, 얼마 안 가 알고리즘이 이를 품질이 안 좋은 영상으로 판단하여 추천 및 노출을 해주지 않게 된다.

그렇다면 다시 생각해보자. 초반 유입을 위해서 온갖 지인과 친구들에게 링크를 보내고, 특정 커뮤니티에 영상 링크를 올리면 어떤 일이 생길까. 그중 얼마나 많은 사람들이 내 영상에 관심이 있을까? 노출 후에도 클릭을 안 하는 사람들, 혹은 클릭 후 몇 초쯤 보다가 바로 나가버리는 사람들이 대다수일 것이다. 이는 시청 지속률의 하락으로 이어져 알고리즘에서 영상 품질이 떨어진다고 판단할 확률이 높다. 그래서 외부에 채널을 홍보하는 것은 장기적으로 봤을 때 절대 추천하지 않는다. 굳이 홍보하고 싶다면, 최소한 내 콘텐츠에 흥미가 있는 사람들이 많을 만한 곳을 선택해야 한다.

같은 맥락으로, 초반에 구독자가 없기 때문에 상부상조하면서 다른 채널들과 서로 구독을 눌러주는 경우가 있는데 이 역시 오히려 악효과만 낳을 수 있다. 관심도 없는 분야의 채널을 그저 구독자 수 늘리는 목적으로 구독했다면 영상이 노출된다고 해서 그걸 클릭해볼까? 특히 알고리즘이 가장 중요하게 생각하는 초반 판단 지표는 내 구독자들의 반응이다. 영상이 노출되었는데 그 우선 판단 지표인 구독자들이 누르지 않는다면 혹은 누르자마자 이탈한다면 이후 파트에서 다룰 '노출 클릭률'과 '시청 지속률'이 떨어진다. 그리고 알고리즘은 해당 영상의 품질이 떨어진다고 판단하게 된다. 종국엔 노출자체가 점점 줄어드는 최악의 결과로 이어지는 것이다.

채널 개설 방법과 채널 기능 간단히 살펴보기

채널 개설 방법은 아주 간단하다. 채널이 없는 상태의 구글 계정으로 아래 첫 번째 이미지처럼 우상단의 프로필 모양을 누른 뒤, 채널 만들기를 선택하면 된다. 이어서 나오는 이름은 내 채널의 이름이 된다. 채널의 이름을 정했으면 하단의 채널 만들기를 다시 누르면 개설 완료. 스마트폰 유튜브 앱으로도 클릭 몇 번으로 간단히 개설할 수 있다.

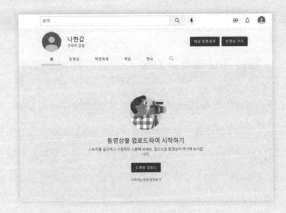

또한 추후 더 심화 학습이 필요한 채널 기능에 대해서는 다시 한번 언급하겠지만, 이 단계에서는 간단하게 어떤 기능들이 있는지만 짚고 넘어가고자 한다.

다시 프로필을 누르고 YouTube 스튜디오를 누르면, 현존하는 SNS 중 가장 자세하고 디테일한 분석 기능을 보여주는 유튜브의 분석 창과, 여러 가지 기능들을 확인할 수 있다.

먼저 콘텐츠는 내가 올린 영상들의 상태를 정렬하여 간단히 확인할 수 있는 항목이다. 공개, 미등록, 비공개 상태를 비롯해 영상이 수익 창출 중인지, 저작권 제한 사항은 없는지, 그리고 영상을 올린 날짜와 조회수, 댓글, 좋아요와 싫어요 비율까지 한눈에 확인할 수 있다.

분석 탭은 가장 중요하다. 분석 탭에선 또다시 전체적인 분석을 한눈에 보여주는 개요와 콘텐츠, 시청자층, 수익, 리서치로 항목이 세부적으로 나뉜다.

채널 분석 개요 탭

콘텐츠에서는 내 콘텐츠의 조회수, 노출수, 노출당 클릭률, 그리고 평균 시청 지속 시간을 확인할 수 있다. 각 지표는 한 달 기준으로 볼 수도 있고 하루 기준, 1년 기준, 심지어 운영 이래 전체 기준으로도 확인할 수 있다. 또한 전체 채널 기준으로 보거나 개별 영상 기준으로도 세세하게 확인 가능하다.

더불어 시청자가 내 동영상을 들어오게 된 루트와 내가 설정한 기간에 가장 인기 있었던 영상들도 순위별로 한눈에 확인할 수 있다.

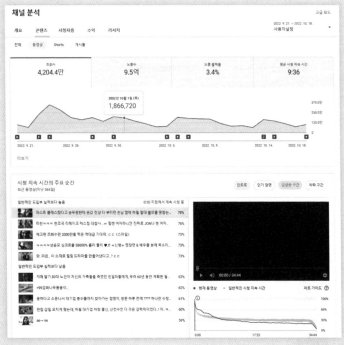

채널 분석 콘텐츠 탭

시청자층은 설정한 기간의 재방문 시청자와 신규 시청자, 그리고 순 시청자 수와 구독자 증감 인원, 시청자 증가를 유도한 영상들을 순위별로 알려준다. 특히 유용한 기능 중 하나는 내 시청자가 유튜브를 이용하는 시간대를 한 시간 단위로 아주 디테일하게 알려주는 것인데, 이것을 바탕으로 업로드 요일과 시간을 정하면 용이하다.

PART 2

채널 분석 시청자층 탭

더불어 내 영상을 많이 본 지역이나 연령 비율 및 성별 또한 아주 세부적으로 확인할 수 있다.

수익에서는 내가 설정한 기간의 수익을 한눈에 체크할 수 있고, 월별 수익 및 최고 수입 콘텐츠를 수익 순위별로 한눈에 보여준다. 또한 어떤 광고 유형이 붙었는지도 유형별 비율로 나열해준다.

유튜브

알고리즘
공략하기

제일 먼저 해야 하는
일은, 이 영상이 왜
갑자기 터졌는지
여러 번 돌려 보면서
분석하는 것이다.

01

유튜브는 알고리즘이다

유튜브 알고리즘은 근본적인 관점에서 들여다봐야 한다. 앞서 언급했지만 내 채널의 경우 영상에 유입되는 경로는 다음과 같다. 탐색 기능 67.5%, 추천 동영상 19.2%, 도합 86.7%. 그 외 유튜브 검색, 즉 키워드 검색으로 영상을 보는 비율은 4.3%에 불과하다.

유튜브에 처음 접속했을 때 홈 화면에 추천되는 영상이 바로 탐색 기능 유입이다. 알고리즘은 내가 좋아하는 콘텐츠를 판

트래픽 소스 유형
조회수 · 지난 28일

트래픽 소스

탐색 기능		67.5%
추천 동영상		19.2%
채널 페이지		4.9%
YouTube 검색		4.3%
최종 화면		1.3%
기타		2.8%

단해 영상을 추천해준다. 나는 게임 LOL(이하 롤)과 카리나느
님을 좋아하는데, 알고리즘은 내가 롤과 카리나를 좋아한다
는 걸 기가 막히게 눈치채고 항상 홈 화면에 제시한다. 나에
게 띄워줬을 때 내가 가장 클릭할 가능성이 높다고 생각한 영
상들을 배치해주는 것이다.

내가 결국 오늘도 참지 못하고 카리나의 영상을 눌러버렸다
고 치자. 실제로 눌렀…읍읍. 추천 동영상은 내가 보고 있는
영상 이후 다음 동영상으로 알고리즘이 하단에 추천해주는

영상을 뜻한다. 즉 검색 키워드나 태그 따위와 상관없이 내 영상의 품질이 좋고 추천 지수가 높아야 알고리즘이 내 영상을 추천 동영상으로 연이어 노출해줄 확률이 높다는 뜻이다.

그렇다면 각 영상에 대한 품질과 추천 지수는 누가 결정하는 걸까? 사람이 하는 걸까? 매 1분마다 500시간 분량의 영상이 업로드되며 25억 명의 유저가 사용하는 유튜브를? 절대 그럴 수 없다. 유튜브에서 영상의 품질을 판단하고, 어떤 걸 추천하고 어떤 걸 후방에 띄울 것인지 선택하는 건 사람이 아니라 '봇'이다. 그러니까 이 유튜브 봇을 어떻게 효율적으로 공략하느냐가 곧 유튜브 전략이 된다.

유튜브 알고리즘을 공략하려면 일단 알고리즘에 반영되는 분석과 수치를 읽을 줄 알아야 할 것이다. 유튜버 필수 앱인 유튜브 스튜디오에 들어가면 굉장히 자세한 통계와 수치들을 제공하고 있다. 대부분 직관적으로 클릭해보면 알 수 있는 내용이지만 그중에서도 자주 확인해야 하는 중요한 지표들이 있는데, 알고리즘 선택에 대한 설명 이후 바로 이어서 설명하도록 하겠다.

02

알고리즘의 선택에는
이유가 있다

유튜브 채널을 처음 만들면 웬만한 기존의 인플루언서가 아니고서는 조회수가 저조할 수밖에 없다. 즉, 초반에는 거의 하기 싫을 정도의 조회수가 이어지는 게 당연하다. 그런데 어느 순간 갑자기 폭발적으로 조회수가 증가할 때가 있다. 소위 '터졌다'고 표현하는, 알고리즘의 선택을 받은 순간이라고 할 수 있겠다.

이 타이밍에는 마냥 기뻐하고만 있어서는 안 된다. 트래픽이 증가했다면 지금부터가 정말 중요하기 때문이다. 물이 들어왔으면 팔뚝이 터질 만큼 노를 저어야 할 것 아니겠는가. 제일 먼저 해야 하는 일은, 이 영상이 왜 갑자기 터졌는지 여러 번 돌려 보면서 분석하는 것이다. 이렇게 갑자기 조회수가 늘어나는 영상은 우연이라고 생각할 수 있지만, 절대 그렇지 않다. 그냥 쉽게 생각해 봐도, 유튜브에 얼마나 수많은 영상들이 올라오는데 아무 이유나 맥락도 없이 특정 영상이나 채널을 밀어주겠는가? 어떤 영상이 터지는 데에는 다 이유가 있다.

그러니까 우리가 해야 할 일은 바로 그 이유를 찾는 것이다. 보통 영상이 터지는 건 그 기획과 콘텐츠, 썸네일까지 모든 것의 티키타카가 잘 맞았을 때 일어나는 일이다. 신규 채널이기 때문에 당연히 조회수가 안 나올 수밖에 없지만 영상의 여러 요소가 잘 맞물리다 보면 몇몇 사람들의 긍정적인 반응이 축적된다. 그러면 알고리즘이 이 영상은 좋은 영상이라고 판단하게 되고, 그렇게 추천을 늘려가다가 어느 순간 폭발적으로 많은 사람들에게 전달되는 것이다.

따라서 잘된 영상을 바로 여러 번 돌려 보면서 뭘 잘했는지 찾아야 한다. 통계에 들어가서 시청 지속률 그래프를 보고, 사람들이 많이 머물거나 다시 돌아가서 본 장면, 그리고 타임스탬프가 꽂혀 있는 장면 등을 확인한다. 댓글 반응도 살펴서 사람들이 어떤 포인트를 좋아했는지도 체크해봐야 한다. 즉 내가 이 영상에서 어떤 걸 잘했는지 파악하고 나서, 그것과 비슷한 주제의 비슷한 편집 방법을 사용해 인생의 영혼을 갈아 혼신의 영상을 제작해 연달아 터트려보자. 이후 노출도는 한 단계 더 기하급수적으로 상승하며 채널 성장의 거대한 지렛대로 작용할 것이다.

지무비 채널에서 처음 '터진 영상'은 〈블랙쉽〉이라는 병맛 좀비 영화였다. 영화의 완성도가 상당히 떨어졌는데, 아예 그 지점을 공략해 내레이션으로 재밌게 표현하면서 슬픈 BGM과 함께 재구성했다. 처음에는 별다른 반응이 없다가 며칠 뒤 처음으로 폭발적인 조회수를 기록하기 시작했다. 터지기 시작한 거였다. 이후 이 영상과 기존 영상들의 차이점, 내가 생각하는 이 영상만의 장점을 분석해서 차기 영상들에 적용했다. 병맛 영화, 망작 콘텐츠의 시작이었다. 이후 굳이 망작 영화가 아닌 콘텐츠에도 여기서 캐치한 나의 장점들을 기존 영화 소개에 접목하기 시작했고 조회수와 구독자 증가 속도는 기하급수적으로 불어났다. 특히 대한민국 대표적인 망작 영화라고 할 수 있는 〈성냥팔이 소녀의 재림〉 리뷰 같은 경우는 700만 조회수를 기록하고 인기 급상승 영상 1위에 오르는 기염을 토했다.

이렇듯 알고리즘을 타는 것은 결코 '우연'이 아니기 때문에, 방향을 잘 잡고 나아가고 있는 유튜버라면 반드시 기회가 온다. 단언컨대 나는 새 채널을 만들고 새로 시작하더라도 그 첫 영상이 무조건 터지게 만들 자신이 있다. 허세가 아니라, 그만큼 알고리즘을 이해하고 분석할 수 있는 능력이 있다면 누구나 틀림없이 가능하다는 것이다.

그렇다면 이런 터지는 영상을 최대한 빠르게 만들 수 있는 비법은 뭘까? 그리고 터진 이후에도 영상을 만들 때 일반적으로 어떤 지표들을 가장 신경 써야 할까? 바로 이어 설명하도록 하겠다.

유튜브 봇이 가장 중요하게 생각하는 3대 지표

유튜브의 정확한 알고리즘은 단 한 번도 공개된 적이 없다. 매우 복잡할 뿐 아니라, 행여 공개되었을 때 악용과 혼란의 여지가 있기 때문일 것이다. 그래서 정확한 법칙이나 로직을 확실하게 아는 사람은 없지만, 4년 동안 채널을 운영해 오면서 각종 경험과 심증으로 어느 정도 확신하고 있는 기준들이 있다. 물론 일종의 '뇌피셜'이지만 실제로 내가 분석하고 활용해본 결과 상당히 높은 확률로 적용할 수 있는 지표이자 '확피셜'이라고 생각한다. 실제로 추후 유튜브에서 밝힌 특정 로직이나 법칙이 내가 생각했던 것과 정확히 일치할 때가 많았다. 그러니 믿고 따라와줬으면 좋겠다.

일단 유튜브 봇이 영상의 품질을 판단하는 데 있어 가장 중요한 세 가지 주요 지표가 있다. 이것은 앞서 설명한 유튜브 스튜디오의 분석 탭에서 자세하고 구체적인 통계 자료로 확인할 수 있다.

시청 지속률

첫 번째 지표는 시청 지속률이다. 말 그대로 내 영상을 시청자들이 얼마나 완주했는지 비율로 환산한 수치를 일컫는다. 예를 들어 10분짜리 영상인데 시청자가 6분만 보고 나간다면 해당 영상의 시청 지속률은 60%가 되는 것이고, 1분만 보고 나간다면 시청 지속률은 10%에 그치게 된다. 당연히 유튜브 봇은 전자의 영상이 품질이 좋다고 판단할 것이다.

이때 시청 지속률이라는 건 사람이 아닌 봇이 판단하며, 영상의 품질을 결정하기 위한 가장 정확하면서도 중요한 지표로

시청 지속률이란

영상이 10분인데
6분 보고 나간다

60%
시청 지속률

시청 지속 시간   6:34(54.4%)
업로드 이후(전체기간)   평균 시청 지속 시간

120.0%
80.0%
40.0%
0.0%

0:00   12:05

10%
시청 지속률

영상이 10분인데
1분 보고 나간다

다루어진다는 것을 명심해야 한다. 한번 생각해보자. 썸네일만 휘황찬란한 낚시 영상을 만들었다고 치자. 이로 인한 초반 클릭률과 조회수만으로 봇이 영상의 품질을 판단하게 된다면 유튜브엔 가짜 낚시 영상만이 판을 칠 것이다.

허나 이 시청 지속률이란 지표가 이를 방지한다. 예를 들어 썸네일에 낚여 영상을 재생했다 해도, 낚시 영상이거나 인트로부터 쓸데없는 말만 주야장천 늘어놓는 등 영상의 품질이 매우 안 좋다면 사람들은 금방 이탈할 것이고 해당 영상의 시

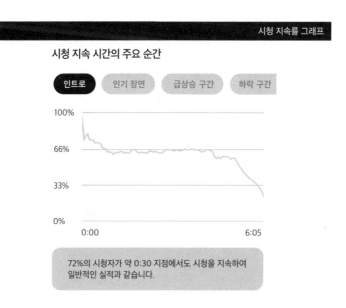

시청 지속률 그래프

시청 지속 시간의 주요 순간

| 인트로 | 인기 장면 | 급상승 구간 | 하락 구간 |

100%

66%

33%

0%

0:00   6:05

72%의 시청자가 약 0:30 지점에서도 시청을 지속하여 일반적인 실적과 같습니다.

청 지속률은 매우 낮게 책정될 것이다. 고로 처음엔 조회수가 잘 나오다가도 봇이 해당 영상의 품질이 낮다고 판단하면 점점 노출수를 줄이는 식으로 작용하게 된다. 즉, 시청 지속률은 영상을 직관적으로 인식할 수 없는 봇이 영상의 품질을 가장 객관적이고 정확하게 파악할 수 있는 지표 중 하나라고 할 수 있다.

공유와 저장률

두 번째 중요한 지표는 공유와 저장률이다. 영상을 본 시청자 수와 비례해 얼마나 많은 사람이 해당 영상을 공유하거나 혹은 저장했는지를 의미하는 데이터다. 이 또한 근본적으로 접근해보자. 여러분은 아주 재밌는 영상이나 웃긴 영상 혹은 무척 유용하고 훌륭한 영상을 보게 되면 어떻게 하는가? 물론 혼자만 보는 사람도 있겠지만 친구 혹은 가족들에게라도 영상을 공유하면서 같이 웃거나, 유용한 정보를 전달하는 사람들이 많을 것이다. 다시 말해, 시청자에게 유용하거나 혹은 재미있는 영상, 즉 '품질이 높은 영상'일수록 공유와

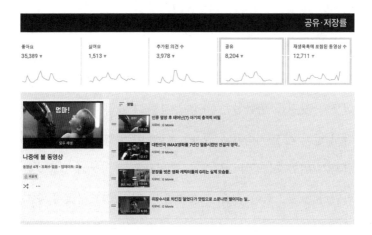

저장률도 높아질 수밖에 없다. 그리고 영상을 직관적으로 인식할 수 없는 봇 입장에서는 이 역시 영상의 품질을 판단하는 하나의 주된 지표가 된다.

노출 클릭률

노출 클릭률은 내 영상의 썸네일(타이틀과 대표 이미지)이 잠재 타깃 시청자들에게 노출되었을 때 클릭되는 비율을 뜻한다. 즉 내 영상의 썸네일이 100명에게 노출되었는데 그중 5명이 클릭했다면 해당 영상의 노출 클릭률은 5%라고 할 수 있다.

이 노출 클릭률의 경우 영상의 품질보다는 내 영상에 대한 관심도나 가치를 판단하는 가장 주요한 지표라고 할 수 있다. 다시 말해 시청 지속률과 공유·저장률이 동영상의 품질을 판단하기 위한 지표였다면, 노출 클릭률은 동영상의 상품성을 판단하는 기준점이다. 노출 클릭률은 인지도나 구독자 수가 어느 정도 갖춰지기 전까지는 99% 썸네일에 의해 좌우될 수밖에 없다. 고로 신규 유튜버일수록 이 썸네일이 아주 중요한데, 너무 중요하므로 뒤에서 썸네일 부분만 다시 상세히 다루도록 하겠다.

여기에서 설명한 내용들을 간단히 정리해보면 다음과 같다.

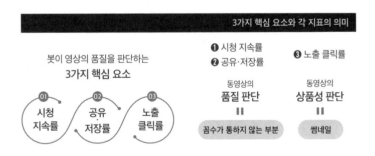

시청 지속률과 공유·저장률은 유튜브 봇이 해당 동영상의 품질을 판단하는 지표로, 즉 꼼수나 잡기술이 통하지 않는 부분이라고 할 수 있다. 이에 반해 노출 클릭률은 유튜브 봇이 해당 동영상의 상품성을 판단하는 지표다. 이는 어느 정도의 권모술수가 먹히는 부분이다. 마찬가지로 썸네일 부분에서 상세히 기술하도록 하겠다.

04

시청 지속률, 공유·저장률 높이기

우선 근본적인 영상의 퀄리티를 높이는 방법에 대해 설명해보려 한다. 앞에서 숙지한 개념을 활용해 바꿔 말하면 시청 지속률과 공유·저장률을 높이는 방법, 즉 동영상의 품질을 높여 유튜브 봇의 알고리즘에 선택받는 방법이라고 할 수 있겠다.

유튜브 봇이 영상의 품질을 판단하는 지표로는 앞서 언급했듯 시청 지속률이나 공유·저장률 등이 있지만 이러한 지표의 수치를 높이는 방법에는 편법이나 치트키가 없다. 말 그대로 영상의 퀄리티와 품질을 향상시켜서, 영상이 시청자의 마음에 들어야 하는 것이다. 그래서 영상의 퀄리티를 높이기 위해서는 그만큼 품이 들어갈 수밖에 없다. 기획 단계부터 치밀하게 고민하고, 업로드 전까지 내가 할 수 있는 최대한의 노력을 기울여서 최고의 결과물을 탄생시켜야 한다.

기획과 대본은 필수

아무 계획 없이 무작정 찍어둔 영상들을 그저 조각 모음해서 하나의 맥락으로 이어지는 콘텐츠를 만드는 것은 쉽지 않다. 좋은 콘텐츠를 만들기 위해서는 기획과 대본이 필수다. 정말 천부적인 재능을 가지고 있어서 본능적으로 훌륭한 결과물을 만들어낼 수 있는 게 아니라면, 기획과 대본 없이 좋은 콘텐츠를 만들기는 매우 어려운 일이다. 실제로 나는 영상 편집을 할 때보다 기획을 하고 스크립트를 쓰는 단계에서 훨씬 더 많은 시간을 들인다.

만약 자신이 먹는 삼시세끼를 먹방으로 찍는다고 하더라도, 왜 이 메뉴를 선정했으며 자신의 스타일대로 맛 표현을 어떻게 할 것인지, 멘트를 넣을 것인지 아니면 말없이 ASMR을 콘셉트로 할 것인지 등의 대략적인 구성 틀을 정해둬야 할 것이다. 사람들 앞에서 내 의견을 말할 때 자칫하면 횡설수설하게 되고 말하려는 핵심이 산으로 가버릴 때가 있는 것처럼, 콘텐츠를 만들 때도 하나의 굵직한 줄기를 따라가야 훨씬 안정적이고 편안한 느낌을 줄 수 있다.

라이브 영상과 다른 유튜브 영상의 가장 큰 장점이자 유리한 점도 기획을 할 수 있다는 것이다. 제아무리 방송 천재라도 즉흥적인 영상으로 탄탄한 기획의 힘을 이기기는 어렵다. 기획과 대본 없이 영상을 제작하는 것은 유튜브 최고의 장점을 버리는 것과 마찬가지다.

나는 채널 콘텐츠 중 하나인 'G리는 시리즈'를 제작할 때 보통 기획과 대본에만 일주일 이상을 소비한다. 또한 큐레이션 콘텐츠를 제작할 때도 영화를 몇 번씩 돌려 보면서 매우 세부적인 부분까지 대본으로 작성한다. 그래야 대본만 봐도 영상이 어떻게 구성될지 전체 흐름이 그려지기 때문에 훨씬 매끄럽고 촘촘하게 편집 작업을 진행할 수 있다.

나처럼 대본이 필요한 콘텐츠를 만들 때는 대본에 자신만의 음영색을 구분하고 의미를 부여하면 전체적인 맥락을 한눈에 보기도 좋고 나중에 대본을 바탕으로 영상을 구성하기에도 좋다. 심지어 추후 편집자를 고용하게 된다면 음영의 뜻을 같이 공유하여 협업하기에도 매우 편리하다.

나의 경우 대본의 음영에 아래와 같은 의미를 부여한다. 이는 본인의 채널의 특색과 성격에 맞게 자유롭게 변경해 사용해도 좋다.

검은색 글씨 : 내레이션

파란색 글씨 : 영상 or 자막 활용

00:00 : 사용할 영상 클립 위치

빨간색 글씨 : 기타 참고 사항, 메모 사항

초록색 글씨 : 일단 넣었지만 삭제 여부를 고려할 때

참고로 음영색이나 글자 크기 등 스크립트에 적용하는 서식 정보가 많다 보니 나는 거의 마우스를 쓰지 않고 단축키를 사용해서 시간을 절약한다. 자주 쓰는 단축키만 자유자재로 숙지해도 나중에는 대본 작성 속도가 2배 이상 빨라진다. 책의 마지막에 실제 내 큐레이션과 'G리는 시리즈' 대본 일부를 발췌한 예시를 첨부했으니 참고해도 좋겠다.

꼭 내 방식을 따라 하지 않더라도, 자신의 콘텐츠에 맞게 영상에 포함되는 요소에 대해 고려해서 이처럼 대본을 짜보는 것을 추천한다.

아이디어 메모

유튜브는 아이디어 싸움이다. 문제는 사람은 망각의 동물이라는 것이다. 아무리 좋은 아이디어가 스쳐가도 메모해두지 않으면 금방 잊어버린다. 그래서 생각나는 것이 있으면 즉시 메모하는 것을 습관화해야 한다. 내가 주로 쓰는 메모 방법은 카톡으로 나에게 메시지를 보내거나, 구글 킵 같

스크립트 속도 올려주는 실전 단축키 (한컴오피스)

✦ Alt+C : 모양 복사

원하는 서식의 문장에 커서를 올려놓고 Alt+C를 누르면 글자 모양을 복사할 수 있다. 그리고 원하는 부분을 드래그한 다음 다시 Alt+C를 누르면 복사한 서식이 적용된다.

✦ Ctrl+M+색상 : 색상 바꾸기

Ctrl+M을 누른 상태로 색상 이름 앞 글자를 누르면 글씨가 그 색깔로 바뀐다. R은 레드, Y는 옐로우, B는 블루, 그리고 블루와 겹치기 때문에 블랙은 K다.

Ctrl+U	밑줄
Ctrl+B	글씨 굵게
Ctrl+[	글씨 크기 줄이기
Ctrl+]	글씨 크기 키우기
Shift+↓	커서가 위치한 곳 기준으로 해당 문장 앞에서 끝까지 선택
Shift+End	커서가 위치한 곳 기준으로 해당 문장 앞에서 끝까지 선택
Shift+Home	커서가 위치한 곳 기준으로 해당 문장 뒤에서 맨 앞까지 선택

은 각종 메모 앱을 활용하는 것이다. 어떤 도구를 사용하든 자신이 그때그때 가장 쉽게 쓸 수 있는 메모 방식을 손에 익혀두면 된다. 나는 모든 콘텐츠 아이디어를 다 구글 킵에 적어서 언제 어디서든 볼 수 있도록 하는 편이다. 컴퓨터에만 저장하는 것은 추천하지 않는다. 자칫 파일이 날아가면 모든 의욕도 함께 날아가버리기 십상이기 때문이다. 심지어 김영하 작가도 소설 쓰기에서 제일 중요한 건 '백업'이라고 했다.

특히 본인만의 사색의 시간과 아이디어가 잘 떠오르는 시간이 있을 것이다. 하루 종일 스마트폰을 달고 사는 大 '스좀비' 시대에 살고 있는 지금, 사색할 시간은 자주 찾아오지 않는다. 나 같은 경우 아침에 샤워를 할 때가 거의 유일한 사색의 시간이자, 별별 아이디어가 스쳐 지나가는 찰나의 시간이다. 하지만 바로바로 메모를 해놓지 않으면 분명히 '이거다!' 싶었는데 샤워를 끝내는 순간 흘려보낸 물과 함께 놀라울 만큼 깨끗이 사라져버린다. 그래서 나는 방수 메모지와 방수 펜을 샤워실에 구비해놓고 좋은 아이디어가 떠오르는 즉시 메모를 한다. 본인만의 사색 시간에 대비한 메모 방법을 구비해놓도록 하자.

메모는 단순히 잊어버릴 수 있는 아이디어를 보관하는 데에만 의미가 있는 것이 아니다. 나중에 메모된 것을 모아서 나열해보며 브레인스토밍을 통해 또 다른 새로운 아이디어를 창출할 수 있는 재료가 된다. 예를 들어 나는 평소에 'G리는 시리즈' 주제가 생각날 때마다 메모해둔 것이 100여 개쯤 되는데, 만약 PPL 광고가 들어오면 이 리스트를 훑어보며 적합한 것이 있는지 생각해본다. 만약 적당한 것이 없다면 그 아이디어들을 바탕으로 가지를 뻗어 알맞은 방향으로 확장해나가는 식이다. 아이디어는 유튜브에 필요한 가장 중요한 재료다. 유튜버는 '크리에이터'라는 것을 항상 인지하자.

만족할 때까지 수정을 거듭하기

완성도의 기본은 수정이다. 영상의 퀄리티는 시간 투자를 얼마나 했느냐, 그리고 수정을 얼마나 많이 하느냐에 따라서 결정되기 마련이다. 단번에 완벽한 영상이 나올 수는 없기 때문에 영상 전 단계에서 대본도 수정하지만, 나는 영상도 여러 번 돌려 보며 반복적으로 수정한다. 아무리 만족스럽다고 생각하는 영상도 여러 번 보면 수정하고 싶은 게 생긴다. 막상 영상으로 보면 지루하거나 재미없는 부분이 눈에 보이기도 하고, 또 추가로 넣으면 좋을 만한 내용이 떠오르기도 하기 때문이다. 휴대폰으로 볼 때와 컴퓨터로 볼 때, 편집 툴로 보았을 때도 각각 사운드나 느낌이 확연히 다르다. 그래서 프리미어 프로에서 여러 번 돌려 보며 반복 편집하고, 컴퓨터 영상 플레이어로 다시 보며 수정할 사항을 메모한 뒤 다시 수정하며, 마지막으로 핸드폰으로 돌려 보며 최종 수정을 하여 영상의 퀄리티를 높인다.

특히 대부분의 사람들이 보통 휴대폰으로 영상을 보기 때문에, 유튜브의 미등록 기능을 활용해서 미리 휴대폰으로 먼저 재생해보는 것은 필수다. 컴퓨터 사운드로 들었을 때는 너무 크게 들려서 줄여놨던 특정음이 핸드폰으로 재생할 때는 잘 들리지 않는 경우도 있고, 실수로 오른쪽 사운드만 활성화해 스피커로 들었을 땐 인지하지 못했다가 이어폰으로 들었을 때 한쪽에서만 소리가 나오는 경우도 있다.

결론적으로 퀄리티를 높이는 가장 간단하면서도 필수적인

방법은 반복된 수정이다. 완벽하다고 생각해도 반드시 한 번 더 점검해보도록 하자. 나 역시 당시에는 가장 최선의 영상을 뽑아냈다고 생각하는데 6개월 전 영상만 봐도 '내가 왜 이렇게 했지?' 싶은 게 있고, 심지어 한 2년 전 영상을 보면…… 내가 어떻게 200만 유튜버가 되었는지 절로 자아성찰을 하게 된다.

유머는 언제나 정도(正道)

유튜브를 보면 조회수가 많이 나오고 인기 있는 영상에는 주제를 불문하고 비슷한 특징이 있다. 각기 다루는 콘텐츠는 달라도 그 재료를 맛깔나게 만드는 양념 한 스푼쯤은 슬쩍 끼얹고 있다는 것이다. 유튜브에서 대표적으로 활용할 수 있는 양념을 꼽자면 바로 유머, 그리고 속도다. 이를 잘 활용하면 훨씬 감칠맛 나는 결과물이 탄생할 수 있다.

유튜브 영상에서 유머는 언제나 옳다. 사람들이 유튜브라는 플랫폼을 보는 이유는 여러 가지가 있겠지만, 대부분은 여가 시간을 재미있게 보내기 위한 목적일 것이다. 즉 엔터테인먼트를 충족시키는 요소가 중요하기 때문에, 어떤 분야의 유튜브든 유머를 적절히 섞어내는 것은 무조건 추천한다.

또한 유머는 알고리즘을 공략하는 하나의 방법이 될 수도 있는데, 사람들은 재미있고 웃긴 것을 보면 '공유'하는 습성이 있기 때문이다. 누구나 우연히 웃긴 글이나 짤을 발견해서 친구에게 카톡으로 보내주거나 받아봤던 경험이 있을 것이다. 이 공유율이 쌓이게 되면 봇이 판단하는 영상의 품질은 점점 올라가고 파급력을 보유하게 된다.

심지어 유머는 시청 지속률 지표에도 긍정적 영향을 미친다. 최근 유튜브 영상을 보는 사람들의 특징은 영상을 보며 댓글도 같이 본다는 것이다.

이때 유튜브 댓글을 보면 시청자들이 재미있는 부분, 다시 보고 싶은 부분에 타임 스탬프를 찍는다. 그럼 사람들은 영상을 쭉 보고 나서 댓글에 타임 스탬프가 찍혀 있는 부분을 보고 '뭐가 웃겼던 거지? 내가 못 보고 넘어갔나?' 혹은 웃겼던 장면을 다시 보고 싶어서 그걸 다시 눌러본다. 실제로 나중에 분석 탭을 살펴보면 베스트 댓글들에 찍혀 있는 타임 스탬프 구간을 사람들이 가장 많이 재생해봤다는 걸 알 수 있다. 이런 반복 재생 또한 시청 지속률을 올리게 되고 이는 봇의 품질 판단에 긍정적 영향을 주게 된다.

가장 중요한 건 코드가 맞는 적절한 유머가 충성 팬층, 진정한 구독자를 확립하는 데도 도움이 된다는 점이다. 오프라인에서 친구들을 만날 때도 그렇지만 자기를 웃겨주는 사람을 싫어하는 사람은 별로 없다. 굳이 이 콘텐츠를 보기 위해서가 아니더라도, 이 유튜버가 어떤 드립을 치는지 궁금해서 보거나 그저 '재미있는 친구네' 싶어서 재방문을 할 수도 있을 것이다. 그래서 유독 조회수 대비 구독자 비율이 높은 채널이 되기도 한다.

물론 주의할 점도 있다. 자신의 개그에 매우 엄격해야 한다는 것이다. 유머는 양날의 검일 수 있다. 웃기면 엄청난 플러스지만 재미없는 개그를 치고 본인만 웃는 것만큼 민망한 게 없다. 재미없는 개그는 몰입을 떨어뜨릴 뿐 아니라 자칫하면 심지어 그 사람을 싫어하게 만든다. 패션은 몸에 걸친 것들 중 마지막에 한 개를 빼면서 완성한다던가? 나는 한 영상에 드립을 일곱 개쯤 넣었다면 나중 수정 단계에서 반복해서 돌려 보며 조금이라도 재미없다고 느껴지면 가차 없이 빼버려서 그 타율을 높인다. 만약 자신의 유머 코드와 센스에 자신이 없다면 차라리 무리수를 던지지 않는 게 정도(正道)가 될 수도 있다.

PART 3

05

내 채널을 추천하게 만드는 최고의 공략법

기본적으로 내 채널을 사람들이 즐겨 보게 하려면, 무엇보다 자신의 유튜브 경험을 항상 생각하고 분석해봐야 한다. 즉, 유튜브는 근본적으로 항상 내 기준이 아닌 시청자의 기준과 시각에 입각해 생각해야 한다. 지금 자신의 유튜브를 켰을 때 홈 화면에 가장 자주 뜨는 유튜브 채널의 공통점이 무엇일까? 최근 즐겨보는 채널들일 것이다. 그렇다면 유튜브에서 '이 사람은 이 채널을 좋아하고 즐겨보는구나'라고 판단하는 가장 좋은 척도는 뭘까? 바로 해당 채널의 영상을 처음부터 끝까지 보는 것, 즉 앞서 숙지한 시청 지속률이다. 그다음은 바로 한 번 더 그 채널의 영상을 이어보는 것이다. 이 채널의 영상을 두 번이나 이어서 봤다면, 유튜브 봇이 판단하기에 그보다 더 적절한 추천 기준은 없을 것이다.

이처럼 알고리즘을 분석할 때는 항상 근본적으로 접근하는 것이 중요하다. 유튜브는 세계에서 가장 많은 사람들이 이용하는 동영상 플랫폼이고 수많은 인재들이 모여 있는 곳이다. 유튜브 입장에서 합리적인 방향성이 무엇일까 하는 근본적인 생각으로 접근하면, 설령 지금은 아닐지라도 추후 업데이트에서 그런 방향으로 가게 될 가능성이 높다. 즉 항상 합리적이고 근본적인 시각으로 시청자의 입장과 유튜브의 입장을 바탕으로 영상을 제작하다 보면 정도의 길로 가게 될 것이다.

시리즈로 제작하기

그렇다면 내 영상을 연달아 보게 만드는 구체적인 방법은 뭐가 있을까? 2, 3부 이상의 시리즈물로 영상을 제작하게 되면 1부 영상을 끝까지 본 시청자들 중에서 최소한 5%, 많으면 30, 40%까지 2부 영상을 연이어 시청한다. 이렇게 한 채널의 영상을 두세 번 연달아 보면, 자주 보는 영상을 기반으로 유튜브 홈 화면에서 그 채널의 영상을 계속 추천해 준다. 즉 시리즈 영상을 연이어 본 시청자들에게 내 채널의 알고리즘이 긍정적인 영향을 갖게 되는 것이다. 당연히 조회수에도 플러스가 된다.

하지만 이때 정말 주의해야 할 점도 있다. 예를 들어 드라마 리뷰의 경우에 1, 2화를 묶어서 1부 영상을 올리고 다음 3, 4화를 묶어서 새로운 2부 영상을 올려 시리즈를 만들었다고 하자. 모든 사람들이 앞의 영상부터 순서대로 감상하는 것은 아니다. 1, 2화 내용을 모르는 시청자들이 3, 4화를 먼저 접했을 때 영상이 이해가 안 가면 초반 이탈률이 발생하게 될 것이다. 영상 품질을 높이는 공략법을 적용하려다가 오히려 품질을 하락시키는 결과로 이어질 수도 있는 것이다.

그래서 1부 영상을 보지 않고도 2부 영상을 자연스럽게 볼 수 있게 하거나, 최소한 2부를 보고 나서 1부에 관심을 갖는 식으로 티키타카가 이루어질 수 있게 만드는 것이 핵심이다. 영상의 연결성을 고려하고, 2부 이후의 영상을 먼저 접하는 사람들도 재미있게 볼 수 있는 콘텐츠를 만들어야 한다.

'지무비' 채널에서는 〈우리들의 블루스〉 드라마 리뷰가 성공적으로 시리즈가 이어진 케이스 중 하나다. 1부 영상 조회수가 200만 회인데 2부는 250만 회, 3, 4부 영상도 오히려 1부보다 조회수가 더 많이 나왔다. 시리즈지만 독립적으로도 재미있게 볼 수 있고, 또 자연스럽게 시리즈를 이어서 볼 수도 있게끔 만들어진 덕분이었다고 생각된다. 또한 'G리는 시리즈' 중, 'G렸던 영화 촬영법들' 3부작 시리즈라든가 'G렸던 실제 촬영법' 4부작 시리즈도 모두 평균 조회수 400만 회에 육박하며 대박 흥행을 이어갔다.

반대로 실패한 케이스로는 〈태양의 후예〉 리뷰가 있다. 2, 3부를 만들 때 개인적으로 시간이 부족해서 신경을 많이 못 썼는데, 1부와 이어주는 인트로가 약했는지 초반 이탈률이 상당히 높았다. 1부 조회수에 비해 2, 3부로 갈수록 조회수도 떨어졌다. 아무리 작품 자체가 좋고 인기가 많았어도 시리즈물의 티키타카가 잘 이루어지지 않는다면 알고리즘의 판단은 그 누구보다 냉정하다.

내 채널 외에도, 개인적으로 가장 성공적인 시리즈 영상의 예시 중 하나는 '김성현TV' 채널인 것 같다. 스타크래프트 게임 채널인데, 이분은 원래 프로게이머였다가 일반 공방에 들어가서 자신감 넘치는 일반인들을 참교육하는 영상으로 인기를 끌었다. 그런데 자존심이 상한 유저나 승부욕 강한 다른 유저들이 '한 판만 더 하자', '이제 안 봐준다' 하는 식으로 계속 도전해오는 상황이 이어졌다. 그리고 김성현 유튜버는 이를 적극 활용해 매 영상을 '참교육 시리즈물'로 만들었다. 이 시리즈를 하나라도 본 사람은 최종 결말이 궁금해서 영상을 두 번 세 번 연달아서 계속 볼 수밖에 없다. 그 결과, 스타크래프트 콘텐츠로 유튜브를 운영하는 유튜버 중에서 명실상부 가장 높은 조회수를 기록하는 유튜버 중 한 명으로 자리매김했다. 지금은 군대에 갔…읍읍!

사실 드라마 리뷰처럼 스토리로 이어지는 콘텐츠가 아니라면 1, 2부를 나누어 제작하는 것이 좀 더 쉬울 수 있다. 앞의 내용과 상관없이 2부가 재미있으면 두 영상을 자연스럽게 연결시키는 것이 비교적 덜 중요한 문제가 되기 때문이다.

고정 댓글 및 영상에서 언급하기

시리즈물을 만들었거나, 시청자들이 연이어 관심을 가질 만한 다른 영상이 있다면 '더보기'나 '고정 댓글'에 링크를 달아주면 좋다. 특히 시리즈물일 경우 반드시 각 시리즈의 링크를 걸어서 시청자가 용이하게 다음 에피소드로 접근할 수 있도록 하자.

더불어 영상에서도 한번 언급해준다면 그 효과는 배가 된다.

채널 운영자 입장에서는 더보기나 고정 댓글을 써놓으면 당연히 시청자가 알 거라고 생각할 수 있지만 시청자들은 생각보다 영상 이외의 항목들을 디테일하게 보지 않는 경우가 많다. 그래서 영상에서 한번 언급해주면 시리즈의 다른 영상이 있다는 것이 확실히 인지되기 때문에 두 번째 영상에 대한 유입률이 좀 더 높아진다.

다만 영상의 흐름을 방해하지 않도록 이는 주로 막바지에 언급하도록 하고, 중간에 언급한다면 진행에 방해되지 않도록 짧게 하는 것을 추천한다. 더불어 최종 화면은 2부로 제작했다면 해당 2부 영상으로 연결해둔다.

TIP
재생 목록 관리는 중요할까?

시리즈물 외에도 보통 채널 내에서 비슷한 성격을 가진 영상은 재생 목록으로 정리해둔다. 충성 팬들이 특정 영상을 찾아보고 싶을 때 재생 목록을 통해 쉽게 찾을 수도 있고, 혹은 유튜버 본인이 보기 쉽게 정리하는 개념이기도 하다. 다만 재생 목록 자체가 유입률이나 영상 품질 관리 면에서 중요하지는 않다.

06

유튜브에서 밀어주는 시스템을 공략하자

유튜브 시스템은 주기적으로 업데이트를 하며 알고리즘에도 조금씩 변화가 생긴다. 예를 들어 영화 콘텐츠의 경우, 예전에는 2~6분 정도의 짧은 영상도 노출이 굉장히 잘 되는 편이었는데 요즘은 최소 8분은 넘는 영상의 노출 기회가 비교적 많은 듯하다. 이러한 흐름이 정해져 있는 것이 아니라 계속 조금씩 변하는데, 이를 알 수 있는 방법은 계속 유튜브 탐험을 하는 것밖에 없다. 조회수가 잘 나오는 영상을 들여다보고 트렌드를 지속적으로 파악해나가는 것이다.

유튜브 트렌드를 가장 쉽게 파악하는 방법은 영상의 조회수를 보는 것이다. 조회수가 잘 나오는 영상을 보면서 이 영상이 왜 인기가 있는지, 길이, 구성, 콘텐츠, 인트로는 어떤지 등을 살펴본다. 나는 유튜브 자체를 워낙 많이 보기도 해서, 이제는 일부러 분석하려고 보지 않아도 '이 영상 잘 만들었네' 싶어서 확인해보면 실제로 조회수가 높다. 유튜브를 꾸준히 모니터링하면서 흐름을 읽는 눈을 갖춰야 한다.

특히 유튜브에서 밀어주는 트렌드나 시스템을 집중적으로 공략해보자. 예를 들어 2021년에는 틱톡이 급부상하다 보니 유튜브에서는 이를 견제하기 위해 비슷한 영상의 형식인 숏츠Shorts를 확실하게 많이 노출시켜주었다. 홈 화면에서도 라인이 따로 생겼고, 별것 아닌 영상들의 조회수를 봐도 하나하나가 엄청나던 때가 있었다. 지금은 조금 덜하지만 당시 숏츠 위주의 신규 채널들이 엄청나게 성장했으며, 이를 재빨리 파악하여 기존 영상에 더해 숏츠 영상을 추가한 유튜버들도 쏠쏠한 재미를 보았다. 이처럼 지속적인 유튜브 탐험(?)을 통해 트렌드를 빠르게 파악하고 현재 유튜브에서 밀어주는 시스템을 집중해서 공략해보는 것도 좋은 방법 중 하나다.

07

타깃층을 고려한 채널
톤 앤 매너 유지의 중요성

　　유튜브 채널을 어느 정도 운영했다면 점차 새롭게 시도해보고 싶은 것들이 생길 것이다. 새로운 콘텐츠를 다루고 싶거나, 혹은 전혀 다른 파격적인 구성에 도전해보고 싶은 욕심이 생길 수도 있다. 새로운 것을 시도하고 확장해나가는 것은 좋지만 기존에 해왔던 톤 앤 매너와 완전히 다른 영상을 올리는 것은 주의해야 한다. 반응도가 낮아지고 채널의 전체적인 하락세가 이어질 수 있기 때문이다.

물론 구독자가 100명 남짓한 초반에는 과감하게 새로운 시도를 하면서 채널의 방향성을 잡아가도 좋다. 하지만 구독자가 200만 명인 '지무비' 채널에서 갑자기 식물 리뷰를 한다면 어떨까? 내 채널의 구독자는 영화나 드라마를 리뷰하는 톤 앤 매너가 마음에 들어서 구독을 한 것인데, 뜬금없는 식물 리뷰를 올린다면 영상을 보자마자 이탈하는 사람이 99%에 육박할 것이다. 그리고 바로 다음 영상이 또 식물 리뷰라면, 아무리 훌륭한 리뷰라 한들 식물에 관심이 없는 시청자들은 마찬가지로 영상에서 나가버린다. 시청 지속률이 뚝 떨어지는 것이다. 콘텐츠의 주제뿐만 아니라, 낮은 톤으로 영혼 없게 리뷰하는 게 특징이었던 내 채널에서 갑자기 하이톤의 상큼 발랄한 목소리가 나온다든가 하면 어떨까? 생각만 해도 끔찍하다.

아무튼 이렇게 사용자가 두세 차례 연속으로 영상에서 나가버리면 공포의 유튜브 봇은 생각한다. '이 사용자는 이 채널의 영상을 별로 안 좋아하는구나, 이제 추천해주지 말아야지.' 그렇게 홈 화면에서 추천이 배제된다. 기존에 시청자들이 좋아하던 톤 앤 매너에서 갑자기 벗어나면 시청자 입장에서는 이 채널을 보는 이유가 사라지는 것일 수도 있다. 유튜브를 할 때는 항상 시청자의 입장, 보는 입장에서 생각해봐야 한다.

만약 아예 성격이 다른 새로운 영상에 도전해보고 싶다면, 새로운 세컨드 계정을 만드는 것이 낫다. 아무리 좋은 기획이 있어도 기존 계정에서 뜬금없이 시도하다가는 자칫 구독자 알고리즘에 의해 여태껏 해오던 것까지 구렁텅이에 빠질 수도 있으니 말이다. 차라리 새 채널을 만들면 새로운 시청자들에게 테스트를 받는 셈이고, 더 안전하게 시도해볼 수 있게 된다.

또 한 가지, 채널의 톤 앤 매너에 있어서 구독자의 타깃층을 고려하는 것도 필요하다. 통계에 들어가면 내 구독자 타깃층이 10대부터 60대까지 어떻게 분포되어 있는지 살펴볼 수 있다. 지피지기면 백전백승이라고 하지 않던가. 예를 들어, 만약 40~50대가 많이 보는 채널에서 갑분싸, 어쩔티비…… 같은 신조어를 남발하면 점점 채널을 이탈하는 시청자들이 많아질 것이다. 내 채널을 어떤 사람들이 많이 보는지 알아야 영상을 기획할 때 참고해서 타깃층을 노릴 수도 있고, 반대로 주요 타깃층이 관심 없는 엉뚱한 걸 올리지 않을 수도 있다.

유용한 사이트 및 애플리케이션 추천

애플리케이션

유튜브 스튜디오 어플(가장 기본 필수 공식어플)

통계 분석 사이트

소셜블레이드 사이트	https://socialblade.com
녹스 인플루언서	https://kr.noxinfluencer.com

기타

URL 단축 사이트	https://bitly.com
맞춤법 검사 사이트	https://www.incruit.com/tools/spell
드래그 한 번에 3초 만에 누끼 따주는 사이트	https://www.remove.bg/ko/upload
기계음 만들어주는 사이트	https://ttsdemo.com
무료 PNG 제공 사이트	https://www.freepngs.com/png-images
음성과 BGM 분리해주는 사이트	https://vocalremover.org/ko

유용한 유틸 프로그램 추천

+ Everything 프로그램

파일 탐색기 프로그램. 보통 윈도우에 기본으로 내재되어 있는 탐색 프로그램은 버그도 많고, 모든 파일에서 검색이 되지 않는 치명적인 단점을 가지고 있어서 불편할 때가 많다. 그래서 내가 정말 수많은 탐색 프로그램을 살펴보고 사용해봤는데, 해당 프로그램은 속도나 검색력 면에서 가장 완벽한 무료 프로그램이라고 생각한다. 강추.

처음엔 이게 왜 필요한지 모를지라도, 나중에 자료와 파일들이 쌓이다 보면 매우 유용해질 것이다. 특히 프리미어 프로에서 음악과 영상 같은 경우 그냥 드래그를 해도 레이어에 삽입이 가능한데, 이때 나는 Everything 프로그램 창을 무조건 옆에 켜둔다. 제목을 검색, 드래그, 제목 검색, 드래그, 이런 식으로 작업을 빠르게 진행할 수 있다.

+ 샤나 인코더

동영상 저장 형식엔 여러 가지가 있다. 가장 대표적으로 mp4, mov, mkv, avi 형식을 들 수 있겠다.

mov는 애플이 Apple QuickTime Player에 쓰려고 개발한 형식인데, 이런 건 굳이 알 필요 없다. mov는 일단 파일 용량이 너무 크고 무겁다. 또한 mkv 형식은 가장 널리 쓰이는 영상 편집 프로그램 중 하나인 프리미어 프로에서 지원을 하지 않는다. 결국 결론은 mp4 형식이 용량도 적절하고 무겁지도 않으며 화질도 좋은, 영상 편집하기에 최적의 포맷이라고 할 수 있다.

하지만 유튜브를 하다 보면 mov나 mkv로 소스를 받게 될 일이 무조건 발생하게 된다. 특히 방송사에서 제작 소스를 줄 때 mov 파일로 주는 경우가 많다. 이때 사용하기 좋은 변환 프로그램이 샤나 인코더이다. 클릭 두 번으로 그 어떤 포맷이든 편집에 가장 용이한 mp4 형식으로 바꿀 수 있다.

✦ 에스 캡처
인터페이스가 깔끔해서 사용하기 간편한 캡처 프로그램.

✦ oCam
마찬가지로 인터페이스가 깔끔해서 사용하기 간편한 화면 녹화 프로그램.

✦ 포토 스케이프
포토샵을 못할 경우 대안으로써, 쉬운 인터페이스로 그나마 고급 기능들을 사용하기 편한 이미지 편집 프로그램.

유튜브

실전 핵심
노하우 7

말하자면 우아한 문명 속의 예술 경쟁이 아니라 1초, 2초 단위가 중요한 치열한 야생의 세계라고 보면 된다.

콘텐츠 선정: 유튜브 각 잡는 법

앞서 개념적인 내용들 위주로 설명했다면 이제는 진짜다. 알맹이만 꽉꽉 채워진 내 4년간의 실전 핵심 노하우를 본격적으로 풀어보도록 하겠다.

채널의 큰 주제나 콘셉트를 어느 정도 정했으면, 이제는 실질적으로 콘텐츠 하나하나를 꾸준히 만들어가야 하는 단계다. 영화 유튜버라고 하면, 세상에 수없이 많은 영화가 있는데 그중 콘텐츠 선정을 어떻게 하는지에 대한 질문을 자주 받는다.

내 콘텐츠 선정 기준은 굳이 영화 채널에서만 국한되지 않고 공통적으로 적용할 수 있는 기준이기에 한번 소개해보려고 한다. 물론 그때그때 조금씩 다르긴 하지만, 대략적으로 다섯 가지 정도를 꼽을 수 있을 것 같다. 그리고 이는 '유튜브 각' 이란 개념 아래 일원화될 수 있다.

❶ 썸네일 각

내가 콘텐츠를 고를 때 가장 중요하게 생각하는 '유튜브 각' 은 '썸네일 각'이 나오는가 하는 점이다. 보통 많은 사람이 콘텐츠를 다 만들고 나서 그 후에 썸네일을 고민하고 만든다고 생각할 것이다. 심지어 많은 유튜버들도 그런 순으로 콘텐츠 제작을 하며, 나 또한 일정이 너무 급박할 경우는 영상 제작 부터 하곤 한다.

하지만 시간적 여유가 있고, 처음부터 끝까지 제대로 된 기획 과 주제 선정을 한다면 가장 먼저 고려하는 것이 썸네일 각이 있느냐다. 썸네일은 영상의 조회수를 결정하는 데 5할 이상의 영향을 미치는 요소일 만큼 중요하기 때문이다. 보통 하나의 영상을 만드는 데 최소 이틀에서 심할 경우 3주나 걸리기도 한다. 이렇듯 엄청난 품을 들여 완성했는데, 이제 가장 중요한 썸네일 선정 단계에서 마땅한 썸네일 각이 없다면? 벌써 힘이 빠진다. 그래서 정석대로 진행할 경우, 항상 '썸네일 각 퍼스트first' 즉 유튜브 각을 먼저 보게 된다.

좀 더 풀어 말해보자면, 사람들이 썸네일만 보고도 첫눈에 관심을 가질 만한 임팩트 있는 장면이나 스토리가 있는지, 사람들의 호기심과 이목을 한순간에 끌 강렬한 이미지가 있는지를 거의 1순위로 고려한다는 것이다. 썸네일에 대해서는 뒤에서 좀 더 자세히 설명하겠지만, 사람들의 궁금증을 유발하게 하는 것이 무엇보다 중요하다.

❷ 채널에 잘 맞는 콘텐츠

채널을 운영하고 표본이 쌓이다 보면 자신의 채널 구독자들이 좋아하는 소재나 장르가 무엇인지 어느 정도 파악이 된다. 똑같은 영화 채널이어도 어떤 채널에서는 멜로가 반응이 좋고, 또 어떤 채널에서는 액션이 반응이 좋은 경우가 생긴다. '지무비' 채널의 경우는 SF 소재가 잘 되는 편이라서 자주 선택하는 편이다.

이 개념은 영화 채널이 아닌 다른 채널들에도 물론 적용된다. 요리 채널을 예로 들면, 어떤 요리 채널에선 라면류 영상이 반응이 좋고 어떤 채널에선 무조건 고기가 나와야 조회수가 잘 나오는 경우가 있다. 이는 자신이 채널을 운영하면서 올린 영상들로 모아온 구독자들의 특성에 의해 결정된다. 왜냐하면 영상을 처음 올린 뒤, 가장 먼저 노출되어 알고리즘에 해당 영상을 평가할 데이터를 제공해주는 것이 구독자들이기 때문이다. 구독자들의 클릭률, 시청 지속률, 공유율 등으로 판단되는 1차 평가가 알고리즘의 판단 지표가 되어 이 영상의 파급량을 늘릴지, 줄일지 결정하게 된다. 그렇기 때문에 본인 채널의 구독자들의 취향을 고려해서 콘텐츠를 선정하면 초반의 파급력이나 노출에 큰 도움이 된다.

❸ 대세 콘텐츠

그 당시의 대세 콘텐츠가 있을 것이다. 예를 들면 〈오징어게임〉이 나왔을 당시 〈오징어게임〉 콘텐츠는 만들기만 하면 최소 조회수 300만을 넘겼던 것 같다. 그 이후의 인기 콘텐츠도 〈이상한 변호사 우영우〉라든가 영화 〈범죄도시 2〉가 있겠다. 만약 요리 & 먹방 채널을 예시로 든다면 한때 핫했던 무지개

치즈나 파맛 첵스 리뷰 등을 들 수 있을 것이다. 이처럼 당시 유행처럼 모든 사람이 큰 관심을 갖고 있는 콘텐츠의 경우 알고리즘의 선택을 받기 용이하다.

❹ 유튜브에서 항상 잘 먹히는 소재

유튜브에서 항상 잘 먹히는 소재들이 있다. 대표적으로 사이다, 참교육 그리고 마동석이다. 사이다나 참교육의 경우는 인간의 본성인 것 같다. 유튜브도 유행을 타는데 이 소재만큼은 유행을 타지 않고 언제나 잘나가는 '치트키' 소재라고 할 수 있다. 또한 마동석은 인간 치트키다. 그냥 썸네일에 그의 얼굴만 박혀 있어도 클릭률이 기하급수적으로 올라간다. 본인만의 이런 치트키 소재들을 찾아 선정하면 유리한 고지를 점할 수 있다.

❺ 콘텐츠의 재미

기본적으로 재미있는 콘텐츠를 선정하는 것은 당연하다. 재미도 있고 썸네일 각도 나오면 가장 좋겠지만, 영화나 해당 콘텐츠의 주제가 재미없을 거라면 나는 차라리 과감하게 포기하고 망작을 고른 뒤 콘텐츠로 만들어버리기도 한다.

02 썸네일: 롤렉스 상자 vs. 쓰레기통, 무엇을 열어볼 것인가

만약 지금 눈앞에 롤렉스 상자와 쓰레기통이 놓여 있다고 하자. 단 하나만 열어보고 내용물을 가질 수 있다면, 여러분은 무엇을 선택할 것인가?

누구나 당연히 롤렉스 상자를 열어보는 쪽을 택할 것이다. 이 것이 바로 유튜브에서 썸네일의 중요성이다. 안에 무엇이 들어 있는지 모르는 상태에서 첫 번째 선택을 결정짓는 것은 바로 겉모습이다. 즉 제목과 대표 이미지로 구성되는 썸네일, 이

것이 내 영상의 포장지이자 첫인상이라고 할 수 있다.

이처럼 썸네일은 내용물을 전
혀 모르는 상태에서 겉으로
보이는 포장과도 같다. 알고
보면 쓰레기통 안에 롤렉스가
들어 있고, 롤렉스 상자 안에
쓰레기가 들어 있다고 할지라
도 대다수의 사람들은 어쨌거

롤렉스 상자 속의 쓰레기

나 롤렉스 상자를 우선 선택하고 열어볼 것이다.

이를 유튜브에 적용한다면, 아무리 좋은 내용과 퀄리티를 가진 영상이라 할지라도, 내가 며칠 밤을 새가며 영혼 갈아 만든 영상일지라도, 별 볼 일 없는 썸네일로 애초에 아무도 클릭하지 않는다면 그 내용물은 무용지물이라는 것이다. 특히나 인지도가 높지 않은 신규 채널의 경우 썸네일의 중요성은 더더욱 높을 수밖에 없다. 신규 채널의 조회수를 결정하는 요소를 비율로 나누어 보자면 영상의 퀄리티가 40%, 썸네일이 50%, 기타 10%라고 해도 과언이 아니다. 그만큼 썸네일은 너무나도 중요하다.

심지어 나는 지금도 썸네일을 정하기 전에 최소한 10개 이상의 후보를 만들어놓고 최소 두 시간 이상 고민에 고민을 거듭한다. 결코 썸네일을 소홀히 여기거나 간과하지 말고, 충분한 고민과 시간을 투자해서 결정해야 한다.

썸네일 선정에 있어 가장 중요한 자세: 역지사지(易地思之)

유튜브 성공 비결의 모든 원리는 역지사지다. 항상 내 채널을 보게 될 사람의 입장에서, 구독자의 입장에서, 유튜브라는 플랫폼 운영자의 입장에서 생각하고 행동하고 제작하면 그것이 정답에 가까울 수밖에 없다.

유튜브 운영자는 회사의 이익을 위해 어떤 방향으로 알고리즘을 개발하고 개선해나갈까? 시청자들은 어떤 콘텐츠를 재미있어 할까? 이것이 대중적인가? 항상 상대의 입장에서 생각해야 하는데, 이것이 가장 중요하게 적용되는 것도 바로 썸네일이다. 내가 홈 화면에서 이 썸네일 이미지를 보았다면 과연 누를 것인가? 핸드폰 사이즈로 보았을 때 잘 인지가 되는가? 호기심을 유발하는가? 이 워딩은 나만 아는 게 아닌가? 등등 보는 사람의 기준에서 여러 가지 요소들을 생각하며 썸네일을 제작하자.

썸네일 스토밍

새로운 아이디어를 떠올릴 때 브레인스토밍을 활용하는 경우가 많다. 이는 썸네일을 만들 때도 마찬가지다. 먼저 영상의 주된 이슈 키워드, 핵심이 되는 소재 그리고 임팩트 있거나 흥미로운 이미지 등을 나열해두고 하나씩 가지를 뻗어나가면서 타이틀을 구상해보는 것이 좋다. 클릭을 유도할수 있을 만한 워딩과 이미지들은 예를 들면 이런 항목들이 있을 것이다.

- 유명한 배우나 유튜브에서 치트키라고 할 수 있는 배우(마동석, 이광수, 송중기 등)
- 유튜브에서 잘 먹히는 소재(참교육, 사이다 등)
- 특이한 소재
- 특이한 워딩
- 주제
- 특이한 이미지
- 궁금증을 유발할 수 있는 이미지

이렇게 해당되는 항목을 나열해놓고 보면서 썸네일 스토밍을 시작하자. 일단 탈락 후보는 왼쪽으로 빼고, 반드시 넣어야 할 후보는 오른쪽으로 모은 다음 오른쪽 파트에서 2차 고민을 이어간다. 그런 식으로 반복하면서 최종 베스트 썸네일을 정하면 된다.

PART 4

썸네일 권모술수: 호기심을 자극하는 '순간 포착'

유튜브를 보면 평소에 관심이 없던 주제의 영상이라도 나도 모르게 클릭해보게 만드는 썸네일들이 있다. 이처럼 썸네일에서 가장 중요한 요소 중 하나는 '궁금증 유발'이다. 호기심을 자극하는 흥미로운 장면을 썸네일로 선정해 클릭을 유도해야 내 영상이 평가받을 기회가 생긴다. 이를 위한 가장 기본적인 심리 공략 권모술수를 소개해보겠다. 유튜브에서 '지무비+콘텐츠 이름'을 검색해서 해당 이미지와 함께 글을 보는 것을 추천한다.

❶ 덜 보여주기

덜 보여주기. 부여한 네이밍 자체는 마치 유치원 국어 시간이 따로 없지만, 가장 근본적이면서도 확실한 썸네일 기술이다. 즉 가장 흥미로운 이미지 소재의 경우 그 일부만 보여줘서 나머지 이미지를 궁금하게 만들어야 한다. '지무비' 채널의 영화 〈나의 마더〉(지무비 타이틀: 인류 멸망 후 태어난(?) 아기의 충격적 비밀) 콘텐츠에서는 로봇 손을 잡고 있는 아기의 이미지를 썸네일로 선택했다. 마치 보호자와 아기가 손을 잡고 있는 것처럼 보이는데 보호자의 손이 로봇이다.

이 장면을 전체적으로 줌아웃하여 로봇 전체를 보여주는 것보단, 이렇게 일부만 잘라 보여줌으로써 '팔 윗부분은 어떻게 생겼을까?' '정말 전체가 로봇인 걸까, 아니면 손만 로봇인 걸까?' '저 보호자의 정체는 뭘까?' 등의 궁금증을 유발해 클릭을 유도할 수 있다. 추가로 "인류 멸망 후 태어난(?) 아기의 충격적 비밀"이라는 타이틀로 제목과 티키타카를 이루며 그 이미지에 궁금증을 더했다.

영화 〈팬도럼〉(지무비 타이틀: 1,000살 냉동 인간이 마주친 최악의 새 인류···) 콘텐츠의 썸네일도 마찬가지다. 불투명한 유리창 안의 남자가 놀란 표정으로 소리를 지르고 있는 장면을 썸네일로 사용했다. 남자의 놀란 표정만 있을 경우 그렇게 임팩트가 있거나 호기심을 유발하는 썸네일은 아니다. 이 세상에 놀란 표정의 사진이 얼마나 많은가? 하지만 타이틀에 '최악의 신인류'라는 절묘한 키워드가 추가됨으로써, 남자의 앞에 있는 것이 그 신인류라는 것이 인지되고, '대체 어떻게 생겨 먹었길래 저렇게 놀랄까?'라는 호기심이 자극된다. 또한 놀라고 있는 남자에게도 '1,000살 냉동 인간'이라는 키워드를 부여함으로써 해당 남자 자체에 대한 호기심도 함께 유발했다. 썸네일은 이미지뿐만이 아닌 이미지와 타이틀의 티키타카라는 것을 항상 기억해야 한다.

또한 이 '덜 보여주기'는 이미지뿐만 아니라 콘텐츠 내용에서도 동일하게 적용된다. 예를 들어 썸네일로 영상의 내용을 한 번에 와닿게 하는 것은 좋지만, 썸네일 하나만 봐도 영상을 안 봐도 될 만큼 모든 내용을 내포하고 있는 것은 좋지 않다.

❷ 다음에 벌어질 일을 궁금하게 만들기

마찬가지로 유치한 네이밍이지만 이 역시 가장 근본적이고 확실한 기술이다. 이미지로 결과를 보여주는 것이 아니라, 결과 직전이나 행동을 시작하려는 직전의 이미지를 사용하는 것이 좋다. 예를 들어 영화 〈어비스〉(지무비 타이틀: 심해 10,000m에 문명을 이룬 인류보다 뛰어난 고등생물) 콘텐츠 썸네일의 경우 액체 괴물을 향해 손가락을 뻗어 만지기 직전의 장면을 사용했다. 이 콘텐츠는 조회수 400만 회가 나왔는데, 만약 액체 괴물을 터치한 후 결과를 보여준 이미지를 사용했다면 그 조회수는 반

토막이 났을 거라 확신한다. 항상 결과를 보여주지 않게 신경 쓰고 결과 직전의 이미지를 활용해서 다음에 벌어질 일을 궁금하게 만들도록 하자.

썸네일 사각지대,
그리고 앵무새와 양치기 소년이 주는 교훈

'궁금증 유발'과 함께 썸네일에 또 다른 중요한 요소가 있다면 바로 '인지'다. 썸네일에 보이는 게 뭔지 시청자들이 즉시 알아봐야 한다는 것이다. 이와 관련하여 중요한 두 가지 주의 사항이 있다.

첫 번째는 유튜브 홈 화면을 빠르게 훑어보는 시청자들이 자신의 생각처럼 썸네일의 포인트를 정확히 인지하지 못할 수도 있다는 사실을 간과하지 않아야 한다는 점이다. 유튜버 입장에서는 썸네일을 만들 때 수많은 고민과 심혈을 기울여서 반복적으로 보던 이미지이다 보니, 이 점이 시청자들의 인지적 측면에서는 오히려 악효과를 불러일으킬 수 있다. 본인은 익숙하니 쉽게 인지할 수 있어도 그 썸네일을 처음 보는 사람들 입장, 그리고 1초 만에 넘겨보는 홈 화면에서는 그 썸네일이 보여주는 바를 바로 알아채지 못할 수도 있는 것이다. 이것이 유튜버가 범할 수 있는 일종의 '썸네일 사각지대'라고 할 수 있다.

예를 들어 21번째 'G리는 시리즈', 'G리는 영화 캐스팅 비하인드'의 썸네일은 가수 현아가 섹시 댄스를 추고 있는 사진의 얼굴에 블러 처리를 한 뒤, "영화 '곡성'에서 무명 역의 캐스팅 1순위가 ??? 였다고!?"라는 제목으로 이미지와 티키타카를 하며 궁금증을 유발했다. 영화 '곡성'에서 무명 역의 캐스팅 1순위가 천우희가 아닌 현아였다는 사실이 가장 충격적이고도 임팩트가 있다고 판단해서였다.

꽤 절묘한 썸네일이었다고 생각했는데도 그에 비해 조회수가 많이 터지진 않았고, 댓글에는 앵무새 썸네일인 줄 알고 들어왔다는 반응이 종종 보였다. 아직도 잘 이해는 안 되지만, 아무 생각 없이 1초 만에 훑어내리는 홈 화면의 찰나에서는 화려한 조명 아래 현아의 모습이 앵무새로 보일 수도 있다는 소

리다. 이미지뿐 아니라 썸네일에 박히는 문구의 워딩도 마찬
가지다. 물론 예쁜 것도 좋지만 그보다 1순위는 굵고 확실한
글씨체를 사용하는 등 처음 보는 사람이라도 누구나 인지하
기 쉽게 만드는 것이다.

두 번째 주의사항은 특히나 더 유의해야 한다. 바로 썸네일로
사람들의 호기심을 자극하고 클릭을 유도하는 것은 좋지만,
그 내용에 있어 낚시는 절대 금물이라는 점이다. 사람들의 흥
미를 끌 만한 자극적인 썸네일을 찾으려다 보니, 맥락과 전혀
다르거나 심지어 거짓된 썸네일을 시청자들에게 보란 듯이
들이미는 경우가 있다. 눈에 띄니 초반 클릭 수는 잘 나올지도
모른다. 하지만 이는 절대 지양해야 한다. 일단 내용과 상관
없는 썸네일을 올리거나 거짓으로 낚시를 지속하면 커뮤니티
경고를 받을 위험이 있다. 그리고 애초에 이런 행태는 경고를
떠나서 말 그대로 스스로 자신의 무덤을 파는 것과 같다.

유튜브를 한 달만 하고 그만둘 게 아니지 않은가? 처음엔 낚
시 썸네일로 초반 조회수를 끌어올지라도, 내용과 맞지 않는
영상을 보게 되면 시청자들은 바로 나가버린다. 이렇게 발생

하는 이탈률은 평균 시청 지속률의 하락을 의미하고, 이는 알고리즘이 영상의 품질을 낮게 평가하는 치명적인 요소 중 하나다. 당연히 채널의 파급력은 점점 줄어들 것이다.

그리고 지속적으로 거짓 썸네일을 올리다 보면 시청자들도 '이 채널은 또 낚시겠지' 싶어 외면하게 되고, 초반 조회수마저 점점 떨어질 것이 자명하다. 고로 낚시 썸네일은 그야말로 어느 누구도 승자가 없는 치킨 게임이나 마찬가지다. 양치기 소년의 우화를 생각해보자.

썸네일은 어떤 툴로 만들까?

썸네일은 꼭 예쁘고 세련된 것보다는 그 내용물 자체가 중요하다. 굳이 어려운 툴을 이용해서 만들 필요는 없다. 아직도 내가 사용하는 가장 쉬운 썸네일 제작 프로그램 조합은 PPT와 Microsoft Office Picture Manager 그리고 포토 스케이프다.

나는 PPT의 경우 캡처한 이미지들을 나열해 썸네일 스토밍하는 용도로 사용한다. 이후 엄선된 썸네일 후보들을 픽처 매니저에 붙여넣기해서 자동 조정 기능을 사용해 밝기 및 대비를 조절하거나, 직접 밝기 및 대비를 선택해 수동 조절한다. 이후 자르기 기능과 크기 조정 기능을 사용하여 유튜브 썸네일 규격에 맞도록 설정한 후 업로드한다.

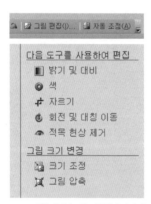

포토 스케이프의 경우는 이보다 더 디테일한 작업이 필요할 때 사용하는데, 너무 직관적인 프로그램이라 따로 설명할 필요조차 없다. 그냥 켜본 후 한 번 만져보면 마스터할 정도인데 다양하고 유용한 기능들이 많아서 적극 추천한다.

픽처 매니저 그림 편집 탭과 기타 탭

03 강렬한 제목: 가슴이 웅장해지는 '극적인 워딩' 사용하기

썸네일에 박히는 문구나 워딩 그리고 영상의 제목은 썸네일 이미지와 마찬가지로 사람들의 호기심과 관심을 빠르게 자극해야 한다. 들어가기 앞서, 앞에서 이미 언급했지만 여기서 말하는 워딩과 키워드는 블로그 때나 먹혔던 그 '검색 키워드'를 뜻하는 게 아니다. 즉 사람들이 많이 검색할 만한 키워드를 고르라는 것이 아니라, 타이틀이 노출되었을 때 사람들의 관심과 호기심을 가질 만한 워딩과 키워드를 뜻하는 것임을 확실히 인지하고 들어가자.

영상 제목에 궁금증이란 생명력을 불어넣기 위한 가장 좋은 방법은 수치나 임팩트 있는 단어를 활용하는 것이다. 나는 이를 '극적인 워딩'이라고 표현한다. 내가 자주 사용하는 표현으로는 '와…, 미친…, 오직, 불과, 역대급, 상상초월, 하필' 등이 있다. 예시를 하나 살펴보자.

- 4년 만에 200억 벌어 유튜브로 엑시트한 유튜버 아무개의 비결
- 와… 미친… 불과 4년 만에 200억 벌어 엑시트한 유튜버 아무개의 상상초월 역대급 비결

똑같은 뜻을 가진 제목인데, 몇몇 극적인 워딩의 추가로 훨씬 더 임팩트 있고 강렬하게 다가오는 것을 확인할 수 있다. 적절한 극적인 워딩의 사용으로 자신의 제목에 좀 더 생명력을 불어넣자.

수치의 활용

- 사내 왕따 당하던 신입 변호사가 1년 매출 320억 찍은 뒤,

'지무비' 채널에 드라마 〈왜 오수재인가〉에 대한 영상을 올렸을 때의 제목이다. 이 드라마를 본 사람이든 안 본 사람이든, 신입 변호사가 어떻게 선배들을 참교육했을지 그 순간의 장면이 궁금해질 것이다. 하지만 그저 '사내 왕따 당하던 신입 변호사가 대박 매출 찍은 뒤, 직장 선배를 참교육하는 법'이라고 하면 어땠을까? 물론 소재가 하도 좋아 여전히 좋은 썸네일이긴 하지만, 수치 데이터를 입력해줬을 때보단 확실히 임팩트가 떨어지는 것을 확인할 수 있다. 넣을 수 있는 수치 데이터가 있다면 적극 활용하도록 하자.

아래에 내가 실제로 활용했던 극적인 워딩들이 들어간 제목들을 더 제시해보겠다. 극적인 워딩이 빠졌을 때를 생각하며 비교해보고 확실하게 숙지할 수 있도록 하자.

- 원인 불명 현상으로 지구상 모든 남자들이 불과 1초 만에 모조리 죽어버렸는데, 단 1명의 남자만 살아남으면 벌어지는 상상초월 대참사..!

'원인 불명 현상으로 지구상 모든 남자들이 죽어버렸는데'라는 문장보다는 '불과 1초 만에', 그리고 '단 1명의 남자' 같은 단어들이 더 상황을 극적으로 보이게 한다.

- 자고 있는데 갑자기 문 잠그고 물 8톤 때려 박는;; 진짜 차원이 다른 역대급 찐 밀리터리 서바이벌

'자고 있는데 문 잠그고 물 붓는 밀리터리 서바이벌'이라고 하면 뭔가 좀 심심하다. '차원이 다른', '역대급', '8톤'이라는 키워드가 이 상황의 긴박함을 더 끌어올려준다.

- 1000년에 한 번 나올까 말까 한 역대급 천재 북한 수학자가 대한민국 고등학생 과외를 해주면 벌어지는 일

'천재 북한 수학자'와 '1000년에 한 번 나올까 말까 한 역대급 천재 북한 수학자'는 다가오는 임팩트가 다르다.

- 인생 2회 차, 15년 전 과거로 회귀했는데, 졸업 후 격투기를 마스터했던 기억 그대로, 고딩 때 날 괴롭히던 일진 무리들을 만나면 벌어지는 일

예전에는 썸네일이 무조건 한눈에 들어와야 한다고 판단해 긴 제목을 지양하던 편이었다. 하지만 최근 시험 삼아 구구절절한 라이트 노벨 스타일의 긴 제목을 써보기도 했는데, 이 역시 반응이 나쁘지 않았다. 위에 설파해오던 근본 원리만 지키면 짧은 제목이든 긴 제목이든 모두 적용된다.

이처럼 '역대급', '압도적' 등 가슴이 웅장해지는 수식어들이 상황을 더 극적으로 보이게 하고, 보는 사람의 호기심을 한층 자극하게 된다. 이렇게 숫자나 임팩트 있는 워딩을 적절히 활용하여 썸네일과 마찬가지로 보는 사람을 궁금하고 흥미롭게 만들 수 있다면 성공이다. 결국 제목의 워딩은 검색을 유도하는 목적이 아니라 노출 시 클릭 유도, 기획의 일부라고 생각해야 한다.

04 인트로:
아무리 강조해도
지나치지 않은 초반 30초

홈 화면에서 겉으로 보여지는 썸네일이나 제목 다음으로 중요한 것은 무엇일까? 포장이 마음에 들었다면 이제 시청자들은 내용물을 열어볼 것이다. 이 시점에서 영상의 성패를 좌우하는 것이 바로 초반 30초의 인트로 구간이다. 여기서 말하는 인트로는 채널 로고나 음악이 나오는 채널 소개말이나 구독, 좋아요, 알림 설정 요청이 아닌 말 그대로 콘텐츠 자체의 초반 30초를 말한다.

보통 영화나 소설 등은 잔잔하게 시작해서 점점 클라이맥스를 향해 가는 기승전결을 갖는다. 사람들이 돈을 내고 극장에 가서 보거나 마음을 먹고 앉아서 보는 콘텐츠이기 때문에 느린 템포로 진행되어도 대부분 끝까지 감상한다. 하지만 유튜브는 다르다. 말하자면 우아한 문명 속의 예술 경쟁이 아니라 1초, 2초 단위가 중요한 치열한 야생의 세계라고 보면 된다. 많은 사람이 유튜브를 자투리 시간에 가볍게 감상하고 또 다른 재미나 자극을 찾아 바로바로 넘어가기 때문에 단 1, 2초만 지루해도 시청자를 잡아둘 수 없다. 그리고 시청을 지속할지, 나가서 다른 영상을 볼지 가장 엄격하고 빠르게 판단하는 구간이 초반 30초다. 이 초반 구간을 최대한 매력적으로, 몰입감 있게 구성해 시청자의 집중력을 끌어올려야 한다.

그래서 유튜브는 기승전결의 개념보다는 일단 무조건 인트로에 힘을 주는 것이 굉장히 중요하다. 이건 아무리 강조해도 지나치지 않다. 개인적으로는 주로 영화를 보면서 숨도 못 쉬고 몰입할 만큼 집중했던 장면들을 인트로에서 보여주면서 시청자들의 몰입감을 끌어올리는 콘텐츠를 만드는 것에 포인트를 둔다. 특히나 'G리는 시리즈'의 인트로를 만들 때는 더욱 공을 들이는 편이다. 다른 영화 큐레이션 영상의 경우에는 영화 속에서 가장 흥미로웠던 부분을 인트로로 뽑는다면, 'G 리는 시리즈'는 내가 선정한 주제에 맞게 아예 새로운 인트로 영상을 만드는 것이기 때문이다. 이 영상의 도입 부분에 어떤 영화를 조합해서 어떤 대사를 배치하며, 또 어떤 내레이션을 넣을지 가장 고민되는 콘텐츠다. 사람들을 몰입시킬 만한 영상을 찾기 위해서 10일 이상 소스를 찾고 만들 때도 있다.

그리고 'G리는 시리즈'처럼 하나의 영상 내에도 여러 개의 작은 콘텐츠들이 포함될 수 있는데, 그걸 재미와 흥미 그리고 임팩트의 정도에 따라 강중약으로 나눈다고 한다면 나의 경우 영상 내 배치는 '강강강중강강중약강' 느낌으로 한다. 약간 자진모리 장단 느낌이랄까…… 아무튼 가장 흥미롭고 임팩트 있으며 재미있는 부분은 무조건 제일 앞에 배치하고, 그 이후에도 좋은 소재를 최대한 앞쪽에 몰아 배치한다. 그리고 마지막은 일종의 여운을 주기 위해 강을 배치하며 클로징한다. 물론 '약'이 없고 다 '강'인 게 베스트겠지만, 그렇지 않더라도 인트로에는 무조건 힘을 실어줘야 한다.

편집 요소 공략: 노잼 영화도 심폐 소생시키는 마법

내 채널의 영상에 대한 사람들의 몰입도를 높이기 위해서 나는 편집 과정에서도 1초, 0.5초 단위로 수정에 수정을 거듭한다. 세상에 똑같은 영화에 대해서 큐레이션하는 유튜버들은 수십, 수백 명도 있을 수 있다. 1차 창작물을 같은 재료로 삼더라도 그걸 어떻게 편집하느냐, 즉 나만의 색깔을 담은 기획과 구성을 갖추는 것이 굉장히 중요한 차별성이 된다. 그래서 조금이라도 지루한 부분은 지우고 또 지우면서 완성도를 높이고, 영화나 드라마를 오히려 본편보다 더 돋보이고 더 재미있게 만들기 위해서 엄청난 노력과 시간을 투자한다.

이를테면 같은 영화 대사라고 해도 그 앞뒤에 어떤 내레이션을 붙이느냐에 따라 그 대사가 더 극적으로 들릴 수 있다. 혹은 아무 생각 없이 스쳐 지나간 장면도 어떤 자막이나 배경음악이 붙느냐에 따라서 중요한 의미를 불어넣을 수도 있다. 재미없다는 평을 듣는 영화여도 어떻게 편집하느냐에 따라서 재미있는 영상 콘텐츠로 만들어낼 수도 있을 것이다. 이미 만들어진 1차 콘텐츠를 바탕으로 어떤 장면과 대사를 살리고, 또 어떤 매력을 더 불어넣을 수 있을지는 온전히 유튜버의 재량이다. 덕분에 내 채널 내 댓글을 보다 보면 재미없는 영화도 재미있게 만들기 때문에 조심해야 한다는 주의 사항(?) 댓글이 종종 발견되기도 한다.

하나의 영상을 구성하는 편집 요소에는 여러 가지가 있다. 한번에 이 모든 걸 다 집어넣어야 한다고 생각할 필요는 없다. 자신의 스타일에 따라서 영상을 더 풍성하게 만들어줄 만한 요소는 넣고, 과하거나 불필요한 요소라면 빼면서 자신의 콘텐츠에 가장 어울리는 색깔로 만들어가면 될 것이다.

❶ 영상

영상을 찍는다고 해도 그 자체의 퀄리티와 기획의 퀄리티 중 하나를 선택한다면 기획이 80%는 더 중요하다. 물론 잘 찍으면 좋지만 휴대폰으로 어설프게 촬영해도 기획이나 구성이 좋으면, 영상 자체의 퀄리티만 좋은 것보다 훨씬 재미있게 느낄 수 있다. 전문가처럼 촬영하지 못한다고 너무 부담을 가질 필요는 없다는 말이다.

❷ 내레이션

'지무비' 채널은 영화나 드라마 영상을 바탕으로 내레이션을 섞어 제작하기 때문에 내레이션이 굉장히 중요한 편이고 실제로 내레이션 스타일이 마음에 들어서 시청하는 구독자분들도 많은 편이다. 그렇기에 단순히 설명을 음성으로 읽어주는 개념이 아니라, 영화의 대사나 장면을 좀 더 돋보이게 하고 극적으로 만들 수 있는 내레이션을 넣으려고 고민한다. 영화 속 대사 앞뒤로 어떤 내레이션이 들어가느냐에 따라서 대사의 임팩트가 달라지기 때문이다.

또 내레이션은 무엇보다 나에게 어울리는 말투, 내가 말해도 어색하지 않은 성격의 문장들로 구성한다. 평소 텐션이 굉장히 높고 장난기 많은 사람이 영상을 찍을 때만 진중한 말투와 문장을 사용한다면, 또 그 반대로 평소에는 진지한 문장으로 소통하는 편인데 영상을 찍을 때만 신조어나 줄임말 같은 걸 사용한다면 어색한 티가 날 수밖에 없다. 나에게 맞는 옷이면서도 영상을 살리는 포인트가 될 만한 적절한 톤을 찾는 것이 좋다.

사실 채널이 커지다 보니 최근에는 무작정 '지무비' 톤과 비슷한 영상 채널들도 많이 등장했는데, 사람마다 어울리고 안 어울리는 것이 있는 만큼 자신만의 매력과 장점을 생각해 적용하면 좋을 것이라고 본다.

❸ 밈이나 개그 활용

우선 밈이란 무엇인지에 대해 짚고 넘어갈 필요가 있다. 밈은 쉽게 말해 인터넷 문화에서 유행하는 각종 짤, 영상, 음성, 미디어 등을 통틀어 말하는 재밌는 유행 코드라고 할 수 있다. 가장 대표적으로 〈야인시대〉 배우 김영철의 '4딸라!'라든가, 같은 〈야인시대〉 배우 심영의 '내가 고자라니', 로버트 할리의 '뚝배기' 혹은 한때 유행했던 '관짝 밈' 등을 들 수 있겠다. 예전에는 영화 채널 중에선 밈이나 개그, 효과음 같은 걸 넣는 채널이 없었는데 요새는 영화 채널에서도 이런 효과를 활용하는 채널들이 많아졌다. 마찬가지로 특정 포맷에 한정 짓지 않고 접목시킬 수 있는 요소나 효과를 새롭게 적용해보는 것도 좋은 방법일 것이다.

❹ 자막

자막은 영화, 음식, 정보, 지식, 그 어떤 채널이든 장르를 불문하고 무조건 넣는 것을 추천한다. 인지력을 높여 몰입도 유지에 도움을 주기 때문이다. 또한 각종 사운드를 접목한 효과 자막을 넣어서 강조하고 싶은 부분을 강조하거나 여운을 배가시키는 등 영상을 보다 입체적으로 만들 수도 있다. 예를 들어 충격적인 대사나 명언 등에 임팩트 있는 사운드와 평소보다 큰 글씨체나 색을 넣어 대사를 더 강조할 수도 있다. 수치나 데이터 강조, 혹은 등장인물의 이름 등에 효과 자막을 넣어 인지를 돕기도 한다. 이런 것들이 쌓이고 쌓여 그 영상의 퀄리티와 몰입도가 올라간다. 즉, 귀찮은 것을 많이 해줄수록 영상의 퀄리티가 올라간다고 보면 된다.

예를 들어서 영화 속에서 "내가 반드시 복수해야 하는 사람
은… 너야"라는 대사가 나온다면, 나는 그 장면에서 이 하나
의 문장을 두 번으로 나눠 등장시킨다.

"내가 반드시 복수해야 하는 사람은"
"너야(임팩트 효과를 주며)."

그 문장 안에 약간의 공백을 두면서 '너야'를 강조하며 임팩
트를 주는 것이다. 즉 실제 대사에서 공백이 있다면, 한 문장
이더라도 한 줄의 자막으로 나타내지 않는다. 만약 자막에서
이 대사를 한 줄에 넣어 한꺼번에 보여주게 되면, 일종의 한
문장 내에서의 스포일러(?) 개념으로 영상에서의 임팩트를 오
히려 줄이는 결과가 될 수 있다. 이런 작은 디테일에 따라서
그 장면이 전해주는 감정이 달라질 수 있다. 그래서 자막을
길게 쓰거나, 두 줄로 쓰는 것은 되도록 지양하면서 영화의
흐름을 더 실감 나게 전달하는 방법을 찾으려고 한다.

❺ BGM
영상에서 BGM의 역할은 많은 사람이 생각하고 있는 것보다

훨씬 더 중요하다. 예를 들어 공포영화를 볼 때 아기자기하고 귀여운 BGM을 넣으면 정말 하나도 안 무섭다. 시각으로 보는 영상물만큼이나 청각으로 듣는 사운드 또한 인간의 감정과 영상의 퀄리티에 큰 영향을 미친다는 것이다. 특히 영상이 단순 큐레이션이 아닌 기획물일 경우 BGM의 중요성이 더 커진다.

그래서 나는 'G리는 시리즈'를 제작할 때는 영상 속에서 강조해야 하는 영화 장면과 배경에 흘러나오는 음악 소리의 임팩트 타이밍까지 맞추려고 1초 단위로 공을 들이는 편이다. 영상과 소리의 타이밍이 1초 차이, 미세한 0.5초 차이로도 다른 느낌을 줄 수 있기 때문이다.

이렇게 음악과 영상 임팩트 타이밍을 일치시키는 것만으로 전율을 선사할 수 있는데, 예전 'G리는 시리즈' 중 하나였던 'G렸던 스턴트 영상(지무비 타이틀: 진짜… 목숨을 걸었던 1920년대 스턴트 클라스 ㅎㄷㄷ)'이 좋은 예시일 것 같다. 해당 영상을 처음부터 끝까지 본 후 다시 책으로 돌아와 설명을 들으면 더 와닿을 것 같은데, 배우들의 위대한 스턴트들에 대해 다루다가 일부러 마지막 즈음 더 대단하고 감동적인 주제들을 배치한 뒤 서서히 고조되는 BGM을 사용했다. 그 후 12분 41초에 스턴트 역사상 가장 위대하다고 평가받는 전설의 스턴트 번지점프 신과 함께 음악의 최고 임팩트 순간을 의도적으로 일치시켜 그 감정을 극대화하는 방법을 사용했다. 상당히 반응이 좋았고 개인적으로도 가장 만족하는 클로징 중 하나다.

❻ 각종 효과

'지무비' 영상을 보면 특정 대사에 자막 사이즈를 키운다든가, 무빙이나 흔들리는 효과를 넣는다든가, 사이다가 터진다든가 하는 시각적 효과를 많이 사용하는 편이다. 이런 각종 효과들도 자신이 원하는 부분을 강조하거나 시청자들이 느꼈으면 하는 감정을 잘 전달하는 데에 유용하다.

내 채널의 예시를 든 것이지만, 확실히 같은 재료가 있다고 해도 어떻게 요리하느냐에 따라서 맛이 달라지는 것처럼 편집의 힘은 크다. 개인적으로 예전에 어떤 개그 채널에서 촬영을 도와준 적이 있는데, 현장 분위기는 평소 보던 것에 비해 크게 재밌진 않았다. 그런데 이게 웬걸? 추후 편집된 영상을 보니 이것보다 웃긴 사람들이 없는 게 아니겠는가.

똑같은 말이나 행동도 특정 BGM이나 효과음 그리고 편집 효과가 들어가면 완전 새로운 형태의 재미를 줄 수 있다는 걸 새삼 다시 느꼈던 경험이었다. 그런 점을 체감하다 보니 나 또한 영상에서 다양한 효과들을 적극 사용하는 편이다.

❼ 빠른 템포

콘텐츠의 성격에 따라서 차이는 있지만, 유튜브는 빠른 템포의 편집이 대세이고 이는 날이 갈수록 점점 더 심화되고 있다. 앞으로도 점점 더 빨라질 수는 있을지언정 절대 느려지진 않을 것이다. 단 2초만 지루해도 나가는 것이 유튜브에 익숙해진 시청자들이란 것을 잊지 말자. 그리고 앞서 말했듯 시청자 이탈률의 증가, 즉 시청 지속률의 감소는 유튜브 봇에게 영상의 품질 하락으로 판단된다.

빠른 템포의 대표적인 예로 '유튜브 칩' 그리고 '호갱 구조대'를 들 수 있다. 이들의 영상을 보면 말 사이사이의 쓸데없는 공백을 0.5초도 찾아보기 힘들다. 특별한 사항이 아니라면 말

사이의 의미 없는 템포를 넣지 말고 이어 말하든지 편집을 통해 붙이도록 하자. 또한 영상에서 의미 없는 말을 하는 것 또한 느린 템포로 직결된다. 핵심의 핵심만을 말하며 빠른 템포를 이어가자.

PART 4

06 구독률 관리:
'구독, 알람, 좋아요'
강요는 아니고요

영상의 평균 조회수에 비해서 구독자 수가 높지 않은 경우도 있다. 구독률을 높이기 위해서 가장 중요한 건 물론 영상 자체에 매력이 있어야 한다. 당연한 말이지만 그게 가장 기본인 건 어쩔 수 없다. 그에 더불어 유튜브에서 흔히 언급되는 '구독, 알람 설정, 좋아요' 등을 자막과 내레이션으로 권유해볼 수 있다. 이제 좀 식상하긴 하지만 그래도 언급하는 것과 하지 않는 것은 차이가 있다. 어떤 방식으로든 구독 요청을 언급하는 것이 구독률을 높이는 데에는 도움이 된다.

대신 앞서 말했듯 인트로는 정말 1초 단위가 중요하기 때문에 영상을 시작하자마자 구독부터 요청하는 것은 추천하지 않는다. 내가 가장 추천하는 것은 클로징에 자신만의 센스 있는 방법으로 요청 멘트를 추가하는 것이다. '지무비' 채널의 경우에는 올드보이 영상 중 최민식 씨가 손을 싹싹 비는 장면을 인용해서 구독 요청 포맷을 만들어 항상 영상 클로징에 넣고 있다. '강요는 아니고요……. (제발)' 실제로 이런 클로징을 넣기 전보다 넣은 이후에 구독 전환 비율이 최소 1.3배 정도 올라간 것 같다. 주의할 점은 무작정 누군가를 카피하면 되려 욕만 먹을 수 있으니 고민과 숙고를 통해 본인만의 참신한 클로징 멘트를 만들어보도록 하자.

업로드 타이밍과 빈도: 내 시청자의 트래픽 통계 활용

　　트래픽이 가장 활발한 날은 단연코 주말이다. 입장을 바꿔서 생각해보자. 여러분은 언제 가장 많이 유튜브를 시청하는가? 주말일 것이다. 항상 역지사지로 시청자 입장이 되어 생각해보고 업로드 타이밍을 정하면 좋다. 주말에는 오전부터 밤까지 트래픽이 항상 활발하고, 평일에는 등하교 시간대나 퇴근 시간대 이후부터 활발해진다. 이는 자신의 타깃 시청자층 연령대를 고려해보도록 하자.

또한 분석 탭에서 상단의 '시청자층' 메뉴를 클릭하면 '내 시청자가 유튜브를 이용하는 시간대'라는 분석 자료가 나온다. 내 채널은 토요일과 일요일의 트래픽이 가장 많고 평일은 얼추 비슷비슷하다. 해당 자료를 활용해 가장 트래픽이 활발한 시간대에 올리게 되면 초반 스퍼트에 도움이 될 것이다.

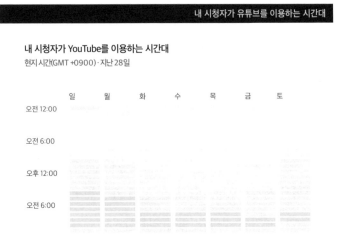

나는 토요일을 정기 업로드 날짜로 정해놓았다. 일요일 다음은 바로 평일인 월요일이지만 토요일 다음 날은 또 주말인 일요일이 이어지기 때문에 토요일에 올리는 영상이 가장 좋은 스퍼트를 보일 수 있다고 판단해서다.

하지만 업로드 타이밍은 초반 조회수 스퍼트의 순간적인 차이에는 영향이 있겠지만 장기적으로 크게 영향을 미치진 않는다. 그 영상의 퀄리티 그리고 여러 잠재력의 티키타카에 따라서 해당 영상의 최종 조회수가 귀결되기 마련이다. 다만, 내가 업로드 타이밍을 신경 쓰는 이유는 초반 스퍼트엔 확실히 차이가 있기 때문이다. 특히 광고 건이나 극 초반에 조회수 스퍼트가 필요한 영상의 경우 업로드 타이밍이 더욱 중요하다. 그게 아니라면 결국엔 알고리즘이 판단한 영상의 품질에 따라서 조회수는 귀결되게 되어 있으므로 크게 신경 쓸 필요는 없다.

조회수가 잘 나올 영상은 언제 올려도 잘 나오게 되어 있고, 안 나올 영상은 아무리 황금 타이밍에 올려도 부진하기 마련이다. 그렇지만 국가적인 대 행사가 있는 타이밍에는 이왕이면 업로드를 피하는 것도 괜찮다고 본다. 예컨대 월드컵 시즌이라면 이와 관련된 동영상 외에는 평소보다 조회수가 덜 나올 수밖에 없기 때문이다.

이와 관련해 2018 러시아 월드컵 때 굉장히 진귀한 경험을

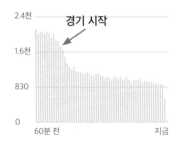

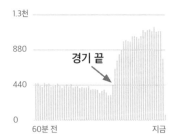

한 적이 있다. 우리나라의 축구 경기가 벌어지고 있는 중이었다. 나는 그날 업로드를 피하고 싶었지만 광고 건 계약 때문에 어쩔 수 없이 영상 업로드를 하고, 축구 관람과 동시에 해당 영상의 트래픽을 모니터링 하는 중이었다. 그런데 우리나라의 경기가 시작하자 갑자기 트래픽이 한 계단 절벽처럼 뚝 떨어지는 것이 아닌가? 그러다가 전세가 불리해지고 시간이 흐르자 차츰차츰 트래픽이 우상향하기 시작했다. 그때쯤엔 나도 사실 우리나라가 이미 2:0 패배가 확정되었다고 생각해 TV를 끄고 업무를 보고 있었는데, 갑자기 또 트래픽 절벽 현상이 나타났다. 설마… 하는 생각에 바로 TV를 켜니, 우리나라 선수가 93분에 골을 터트린 상황이었다. 트래픽은 그 무엇보다 솔직하다.

잦은 업로드보단 하나의 확실한 업로드

간혹 보면 무조건 주 5회 이상은 업로드해야 성공할 수 있다는 둥의 말이 세간에 떠돈다. 이는 명백히 잘못된 사실이다. 물론 5회 올려서 5회 모두 훌륭한 퀄리티의 영상으로 알고리즘의 선택을 받는다면 그보다 좋을 순 없다. 하지만 직원들도 없이 나 홀로 시작하는 초반 단계에서 혼자 주 다섯 개의 영상을 만든다면 그 영상의 퀄리티가 모두 좋을 수는 없을 것이다. 낮은 퀄리티의 영상을 계속해서 올려서 반복적으로 영상의 품질이 안 좋다는 봇의 평가를 받으면 채널의 평가 또한 떨어지게 된다.

차라리 일주일에 한 개라도 확실한 퀄리티의 영상을 제작하는 것이 유튜브 성장에 훨씬 효과적이다. 나 또한 초반엔 주 1회 심지어 격주 단위로 영상을 올리기도 했다. 영상을 많이 올려야 된다는 강박을 갖기보단 하나하나의 영상에 영혼을 갈아 만든다는 마인드를 기르자.

유튜브

심화 단계

설령 내가 하는 방식이
잘 되고 있고
채널이 승승장구하고
있더라도 절대
피드백을 멈춰서는
안 된다.

01 절대 멈추지 말아야 할 셀프 피드백

유튜브를 꾸준히 성장시키는 데에 가장 중요한 요소를 꼽자면 끊임없는 셀프 피드백이라고 단언하고 싶다. 설령 내가 하는 방식이 잘 되고 있고 채널이 승승장구하고 있더라도 절대 피드백을 멈춰서는 안 된다. 기억에 남아있는 채널 중 약 1~2년 전에 무척 잘되던 채널들을 다시 한번 방문해보자. 그중 몇이 여전히 잘되고 있는가? 유튜브는 치열한 야생 그 자체다. 유튜브 생태계와 시청자들의 관심사는 끊임없이 변하는데 혼자 그 자리에 머물러 있으면 결국 언젠가는 도태

될 수밖에 없다. 방심은 금물이다.

내 영상이 안 되고 있을 때는 물론이고 잘되더라도 그 이유를 계속 찾아야 한다. 유튜브에서 자세한 통계를 제공하고 있는 만큼, 항상 통계를 보면서 셀프 피드백을 해나가야 계속해서 성장할 수 있다. 어쩌다 영상 하나가 잘되어도 이유를 모르면 지속해나갈 수 없고, 채널 발전이 너무 지지부진한데 왜 그런지 모른다면 달라질 수 없을 것이다.

통계를 지켜보면 좋은 통계와 안 좋은 통계가 한눈에 보인다. 당연한 얘기지만 실시간 통계를 지켜봤을 때 우상향 그래프를 그리는 것이 항상 베스트다. 급격히 오를 때도 있고 천천히 오를 때도 있지만 어쨌든 우상향을 그리고 있다면 좋은 신호다. 하지만 업로드 후 실시간으로 우하향 그래프를 그리고 있다면 뭔가 아쉬운 점이 있다는 것이다. 영상 자체의 퀄리티가 좋지 않으면 어쩔 수 없지만, 자신이 생각했을 때 괜찮은 영상이라면 썸네일을 바꿔보는 등의 시도를 해보는 것도 방법이다.

내가 〈바바리안〉이라는 넷플릭스 작품 리뷰를 올렸을 때는 너무 바빠서 썸네일을 많은 고민 없이 좀 급하게 설정했다. 그 영상이 업로드 후 약 3개월까지 조회수 100만을 못 넘겼는데, 물론 이것도 높은 조회수지만 채널의 평균에 비하면 낮은 수치였다. 그러다가 3개월 후에 갑자기 썸네일을 바꾸고 싶어서 내가 봐도 좀 만족스러운 썸네일로 변경했더니 갑자기 조회수가 치솟아 300만이 넘어갔다. 내 영상이 기대만큼 결과를 내지 못하고 있을 때 그 이유를 찾고 피드백을 한다면 죽어가던 영상의 심폐 소생도 가능하다는 것이다.

정확한 분석 지표는 아니지만 댓글 반응도 피드백 요소가 될 수 있다. 사람들이 어떤 걸 좋아하고 또 어떤 걸 싫어하는지 포인트를 발견하게 되면 이후 영상을 만들 때 참고할 수 있을 것이다. 특히 반응이 좋은 영상은 댓글도 많고 타임 스탬프도 많이 꽂혀 있다. '나는 이 부분이 뭐가 좋았지? 뭐가 웃겼지?' 하고 꼭 다시 클릭해서 살펴보는 편이다. 요새는 심지어 유튜브가 업데이트돼서 '사람들이 제일 많이 다시 본 부분'을 영상에서 바로 표시해준다.

특히 시청 지속률 그래프는 영상 품질에 대해서 굉장히 세세

시청 지속 시간의 주요 순간

인트로   인기 장면   급상승 구간   하락 구간

급상승 구간   하락 구간

100%

66%

33%

0%

0:00   6:05

72%의 시청자가 약 0:30 지점에서도 시청을 지속하여 일반적인 실적과 같습니다.

하게 분석할 수 있도록 하는 통계치를 제공한다.

추후 표본 수가 많아진 후 시청 지속률 통계를 보면 봉긋 솟아오른 부분과 움푹 팬 부분이 있을 것이다. 솟아오른 부분은 웃기거나, 재밌는 요소가 있거나, 임팩트 있는 장면이나 대사 등 시청자의 흥미와 몰입을 끄는 부분이 있을 때 나타난 반응이다. 반대로 움푹 들어간 부분은 시청자들이 이탈한 것이다. 그럼 이 사람들이 어떤 장면에서 이탈했을까? 그래프의 꼭짓

점을 클릭하면 사람들이 어느 부분이 지루해서 나간 것인지 바로 확인할 수 있다.

만약 시청 지속률이 15% 이하로 매우 낮은 편이라면 이후부터는 영상 자체의 퀄리티를 높여야 한다. 일단 썸네일을 보고 클릭은 했지만 사람들이 끝까지 보는 경우가 거의 없다는 뜻이다. 반대로 시청 지속률은 50% 이상으로 높은 편인데 조회수가 낮다면? 혹은 노출 클릭률이 1% 정도밖에 되지 않는다면, 영상 구성은 괜찮지만 썸네일에 문제가 있다는 뜻이다. 영상 퀄리티가 좋든 나쁘든 기본적으로 썸네일이 매력적이지 않아서 사람들이 클릭 자체를 하지 않았다는 것이다. 그럴 경우 상품의 포장을 다시 해야 한다.

이렇듯 내가 어떤 부분을 유지하고, 어떤 부분을 보강해야 하는지 유튜브 분석을 들여다보면 이미 정답이 나와 있다. 좋은 영상은 좋은 영상대로, 안 된 영상은 안 된 영상대로 숙지하고 배워나갈 부분들이 있으니 놓치지 말고 흡수하자.

죽은 영상도 살리는
썸네일 CPR 심화 버전

썸네일의 중요성은 앞서 충분히 강조한 것 같다. 썸네일에서 흥미를 끌지 않으면 시청자들은 이 포장지에 싸인 내용물을 궁금해하지 않는다. 다만 이미 한 번 업로드했다고 끝나는 것이 아니라, 실시간 통계를 지켜보면서 위에서 언급한 안 좋은 지표가 보일 경우 썸네일을 수정해보는 것이 죽은 트래픽을 인공호흡하는 좋은 방법이 될 수 있다.

모니터링 후 썸네일 교체를 통한 트래픽 인공호흡

　　구독자가 어느 정도 쌓이면 실시간 통계를 의미 있게 살펴볼 수 있게 된다. 이때는 영상을 업로드한 직후에 바로 모니터링하는 것이 중요하다. 업로드 후에 바로 폭발적인 우상향을 보이면 최고의 그래프다. 썸네일도 영상도 큰 문제 없이 티키타카가 좋다는 뜻이니 안심하고 고생의 결과물을 즐기면 된다. 좋은 통계의 경우도 한동안 우상향하다가 일직선 유지 후 조금 하향하고, 내 영상에 맞는 수치로 정착한 뒤 일직선에 가까운 통계를 유지하는 것이 일반적 패턴이다.

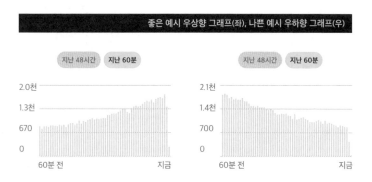

좋은 예시 우상향 그래프(좌), 나쁜 예시 우하향 그래프(우)

이렇듯 좋은 영상도 결국은 약간의 하향세가 오지만, 가장 최악은 업로드 직후 바로 하향 그래프를 그릴 때다. 만약 자신이 생각하기에 영상 퀄리티가 꽤 괜찮은데 우하향을 보이거나 클릭률이 너무 낮다면 그땐 썸네일을 바로 교체해보는 것을 권한다.

내가 웹드라마 〈구필수는 없다〉 소개 영상을 올렸을 당시, 너무 바빠 썸네일 고민에 시간을 투자하지 못했다. 웬 할머니

〈구필수는 없다〉 썸네일 변경 후 인공호흡 성공 사례		

지난 48시간	지난 60분		지난 48시간	지난 60분
550,708 조회수			**130,046** 조회수	

	13.5만			2.8천
	9.0만			1.9천
	4.5만			960
	0			0
48시간 전		지금	60분 전	지금

상위 트래픽 소스		상위 트래픽 소스	
탐색 기능	31.8만	탐색 기능	8.1만
추천 동영상	18.7만	추천 동영상	4.3만
기타 YouTube 기능	1.2만	기타 YouTube 기능	2.9천
채널 페이지	1.0만	채널 페이지	807
YouTube 검색	7.1천	YouTube 검색	731
알림	5.7천	알림	244
최종 화면	5.3천	최종 화면	172
직접 입력 또는 알 수 없음	1.7천	직접 입력 또는 알 수 없음	78
외부	857	외부	72

대시보드	콘텐츠	분석	댓글	재생목록	대시보드	콘텐츠	분석	댓글	재생목록

가 마체테 칼을 들고 있는 장면을 썸네일로 사용한 뒤 제목은 '마체테 할머니'라고 다소 성의 없이 설정했다. 역시나 업로드 후 클릭률이 낮고 내 채널의 평균 조회수보다 훨씬 저조한 성적을 기록해서 썸네일을 교체했다. 이번에는 칼 앞에 선 40대 중년 남성의 이미지에 '배 나온 평범한 40대 아저씨인 줄 알고 삥 뜯으려 했는데 20년 전 택견 랭킹 1위였다고 한다 글 내려주세요'라는 제목을 넣었다. 변경 후 한 시간당 7,000회를 기록하던 실시간 조회수가 시간당 13만 회로 무려 18배나 뛰었다.

새로운 타깃층을 유입시키는 키워드 삽입

앞서 살펴본 〈구필수는 없다〉 영상의 썸네일을 바꾼 후 조회수 상승 외에도 흥미로운 변화를 관찰할 수 있었는데, 바로 시청자층의 연령대였다. 원래 내 채널의 주된 시청자 연령층은 20~30대인데, 이 영상은 유독 40~50대가 많이 봤다. '평범한 40대 아저씨가 20년 전 택견 1위'라는 키워드가 40~50대 연령층의 흥미를 자극한 것이다.

이 외에도 썸네일에 '백발의 할아버지'라는 키워드와 함께 할아버지가 건장한 청년들과 싸울 것 같은 장면을 넣었을 때는 정말 이례적이게 50~60대 시청자층이 1위였던 적도 있다. 새로운 시청자층에게 어필할

연령	비율
만 13-17세	4.2%
만 18-24세	16.6%
만 25-34세	26.6%
만 35-44세	26.6%
만 45-54세	20.6%
만 55-64세	4.3%
만 65세 이상	1.1%

만한 키워드를 삽입해서 시청자층을 확장하는 것도 하나의 전략이 될 수 있다.

방심 금물 탈선 주의!

어느 정도 성공적인 궤도에 올랐다고 해도 절대 방심은 금물이다. 유튜브엔 소위 말해 '탈선'이라는 개념이 분명히 존재한다. 곰곰이 생각해보면 내가 분명 즐겨보던 채널인데, 어느 순간 홈 화면에 추천되지 않는 채널들이 분명히 존재할 것이다. 사람은 망각의 동물이라 그런 채널들은 어느

새 자연스럽게 잊힌다. 탈선을 한 것이다. 그렇다면 탈선을 하게 되는 가장 주된 요인은 무엇일까? 이 또한 알고리즘과 연관돼 있다.

유튜브 영상을 보는 원리를 돌이켜 보면, 대게 알고리즘에 따라 홈 화면에 추천받은 영상을 보게 되는 식이다. 하지만 즐겨보던 채널이 갑자기 전혀 다른 결이나 재미없는 영상을 올리면 어떤 행동을 취할까? 백이면 백 그 영상을 끝까지 보지 못하고 초반에 이탈해버리거나, 아예 썸네일에서부터 결이 다르다는 것을 느끼고 클릭 자체를 하지 않을 것이다. 알고리즘은 이에 대해 한두 번 정도는 자비를 베푼다. 그렇지만 세 번, 네 번, 다섯 번 이런 영상을 반복해서 올리다 보면 점점 추천을 해주는 총량, 즉 노출 수 자체가 현저히 떨어지게 된다. 내 채널의 영상을 즐겨보던 시청자들에게 어느새 추천을 해주지 않는 것이다.

4년간 이 분야에서 정상을 유지해왔지만 나 또한 한 번 탈선의 위기가 있었다. 돌이켜 생각해보면 채널을 운영한 이래 가장 큰 실수 중 하나였다고 보는데, 바로 다른 제작팀이 제작한 웹드라마를 내 채널에 원본 그대로 올려버린 것이다. 유튜브에서 한창 핫했던 특정 영상 시리즈의 제작진이 만든 시리즈라길래 믿고 업로드 승낙을 한 것이 패착이었다. 내 색깔이 전혀 들어가 있지 않은 원본 영상과 전혀 다른 톤 앤 매너, 그리고 근본적으로 '노잼' 영상이었던 탓에 해당 시리즈를 올릴 때마다 조회수가 현저히 줄어들었다. 하지만 여섯 개를 연달아 올려주기로 계약했기에 계속해서 해당 영상들을 올려야 했다. 내 채널에 셀프로 독약을 탄 것이었다. 그리고 역시나 한 화, 한 화가 지날수록 조회수는 급감했다.

더 큰 문제는 4회차 정도 올렸을 때 내 채널의 다른 새 영상, 즉 내가 만든 다른 영상의 노출도마저 현저하게 떨어졌다는 것이다. 실제로 해당 시리즈 업로드 이전에 채널 평균 노출도가 초반 1분에 1,200~1,600명 조회부터 스타트를 끊었다면, 그 당시엔 첫 스타트 1분당 평균 300명 조회로 거의 1/4 토막이 났다.

이렇듯 이전 영상들의 성과가 다음 올라올 영상들에 영향을 미친다는 사실은 나만의 '뇌피셜'이 아니라 유튜브에서 공식적으로 인정한 부분이기도 하다. 원래는 뇌피셜로 확신하고 있던 개념인데, 이후 유튜브에서 '탈선'이란 개념 자체를 인정하진 않았지만 최근 영상의 성과가 새 영상의 초반 트래픽에 영향을 미친다는 공식 발표를 했다. 4~6회 정도 연달아 영상이 망해버리면 채널에 확실한 영향을 미친다.

물론 탈선 후 다시 궤도에 오르는 것도 불가능한 것은 아니나, 엄청난 노력과 시간을 투자해야 한다. 그렇기에 하나하나의 영상에 심혈을 기울여 만드는 것이 중요하다. 특히 기존 채널의 톤 앤 매너가 완전히 뒤바뀐 영상을 연달아 올리고 실패가 쌓이는 것은 매우 위험하니 더더욱 신경을 써야 한다.

뜨는 것도 힘들지만 유지하는 것도 무척 어려운 게 바로 유튜브이다. 끊임없이 연구하고 노력하며 트렌드에 뒤처지지 않게 해야 하며, 새로운 도전은 좋지만 채널 톤 앤 매너는 고려해야 한다. 또한 새로운 도전을 시작했을 때 세 번 이상 실패를 반복하는 것은 상당한 리스크가 따르니 빠르게 접을 줄도 알아야 한다.

03   유튜브 수입 어디까지 가능할까

　　유튜브가 어느 정도 성장하고 나면 기본적인 조회 수 수익 이외에도 광고 수익 등 수익 범위를 확장시켜나갈 수 있게 된다. 어떻게 보면 유튜브 채널로 시작했지만 점차 하나의 사업체를 이끌어가는 것처럼 다양한 수익 경로와 기회를 얻게 되는 것이다. 그러다 보면 자연히 유튜브를 전업으로 삼을 만큼 비교적 안정적인 수입 창출도 가능해진다.

유튜브 조회수 수입

유튜브에서 얻을 수 있는 가장 기본적인 수익은 당연히 유튜브 조회를 통한 것이다. 유튜브 구독자 수 1,000명과 공개 동영상의 시청 시간 4,000시간을 달성하면 유튜브 파트너 프로그램 자격 요건을 충족하게 되고, 광고 설정을 통하여 수익 창출을 할 수 있다. 이때 영상에서 볼 수 있는 광고의 종류는 건너뛸 수 있는 광고, 건너뛸 수 없는 광고, 범퍼 광고, 오버레이 광고 등이 있다.

• 오버레이 광고 : 동영상 아래에 배너 형식으로 표시되는데, 대부분 광고를 클릭했을 때 수입이 발생한다. 시청자가 광고를 닫을 수 있고, 마찬가지로 PC 환경에서만 뜬다.

• 건너뛸 수 있는 동영상 광고 : 영상 사이에 삽입되는 가장 흔히 알고 있는 광고다. 5초 정도 시청하면 '건너뛰기'를 선택해 광고를 넘어갈 수 있는데, 30초 이상 광고를 시청해야 수익이 발생한다.

• 건너뛸 수 없는 동영상 광고 : 보통 약 15초, 최대 30초 정도의 광고가

삽입되는데, 건너뛰기를 선택할 수 없기 때문에 시청자들의 불만이 생길 수 있다. 광고에서 시청자가 이탈하지 않으려면 그만큼 이어서 계속 보고 싶은 콘텐츠여야 한다는 뜻이다.

이렇게 시청자가 영상에 붙는 광고를 보는 행위를 통해 조회수 수익을 얻게 되는데, 이는 오로지 조회수와 영상의 길이, 중간 광고의 개수, 그리고 CPM에 의해 결정되며 유튜브와 일정 비율로 나누게 된다. 이전에는 한국의 CPM이 그리 높지 않은 편에 속했는데 최근에는 전 세계 6위 안에 들어갈 정도로 올랐다. 조회수 1회당 1원이라는 소문도 이제 구시대 얘기가 되었을 정도다. 10분 이상인 영상의 경우 조회수 1회당 평균 3원 이상, 더 긴 영상의 경우는 1회당 6원이 넘기도 한다. 또한 구글 애드센스를 통해 외화로 수익이 지급되기 때문에 해당 달의 환율이 높을 시에는 수익도 커지게 된다.

외주 광고 수익

외주 광고 수익은 채널 내에 브랜드 광고 영상을 직

접 제작해 업로드하고 싶어 하는 외부 회사들과 계약을 체결한 뒤 지급받는 광고비다. 이 경우에는 사전 계약에 따라 광고비가 책정되는데, 대개는 구독자 수가 단가에 영향을 미치지만 시간이 흐를수록 채널의 퍼포먼스도 단가 형성에 큰 비중을 차지해가는 추세다.

광고 수입 중에서도 흔히 알고 있는 유형이 바로 PPL이다. 채널 내, 해당 채널의 오리지널 콘텐츠 영상에 기업의 자사 제품을 짧게 언급하거나 노출시킴으로써 벌어들이는 광고비를 의미한다. 이전 '워크맨' 영상 초반에 짧게 자주 등장했던 키엘 선크림이 대표적인 사례로 꼽힌다. 이 경우에도 단가 형성 조건은 동일하다.

혹은 기획형 PPL이라고 해서 PPL 광고를 위한 영상을 제작한 뒤 영상 내용 중 어울릴 만한 곳에 10~30초 정도 광고를 삽입하기도 한다. 이 경우는 거부감 없이 녹이는 게 조금 난이도가 있다. 나로 예를 들면 한번은 팝콘 PPL을 하기 위해서 '영화 속 기상천외한 음식들'이라는 주제의 'G리는 시리즈' 영상을 만들었다. 〈웰컴 투 동막골〉을 보면 아무 생각 없이 던진 수류탄이 옥수수 창고에서 터지는 바람에 모든 옥수수가 즉석 팝콘이 되어 하늘에서 흩뿌려지는 장면이 나온다. 이 영화 속 팝콘으로 밑밥을 깔고, 간단하게 팝콘 만드는 과정을 소개했다. 1. 팝콘용 옥수수에 버터를 섞어서 굽다가 2. 튀어오르기 시작하면 뚜껑을 덮고 3. 약불에서 10분 정도 더 구워야 하는데……로 빌드업을 해서, 이 모든 귀찮은 과정을 생략하고 편의점에 가서 1,000원만 내면 지금 광고하는 팝콘을 사 먹을 수 있다고 마무리. 이런 식으로 최대한 내용과 이어지면서도 짧고 빠르게, 보는 이의 거부감 없이 자연스러운 PPL을 끼워 넣고 다시 하던 이야기를 이어가는 것이다.

외주 광고는 PPL 외에도 보통 잘 알려진 브랜드 광고가 있다. 이는 영상 내에 PPL을 슬쩍 보여주는 것이 아니라 영상 자체가 그 브랜드에 대한 광고로 만들어진다. 하지만 자기 채널에 평소 올리던 주제와 전혀 다른 브랜드 광고를 진행한다면 시청자들이 거부감을 갖거나 불만을 느끼는 경우도 있으니 주의해야 한다. 즉, 톤 앤 매너가 다른 브랜드 광고를 가끔 한 번 올리는 정도는 괜찮지만, 두세 개씩 연달아서 올리는 것은 지양하는 것이 좋다.

후원 수익

유튜브에서 제공하는 후원 기능은 VIP 멤버십과 슈퍼 챗이 있다. VIP 멤버십은 구독자가 10만 명을 넘으면 생기는 기능인데, 990원부터 2만 원, 20만 원 등 후원 금액을 마음대로 정할 수 있다. 그리고 VIP만 볼 수 있는 커뮤니티 글이나 영상 등을 올릴 수 있는데, VIP 멤버십을 통해 수익을 올리고 싶다면 신경 써서 멤버십 운영을 하면 된다. 하지만 나의 경우엔 애초부터 가입란에 특별한 혜택은 없고 단지 후원 개념이라고 명시해놨다. 사실 우리나라에서는 후원 개념이 서구권에 비해 발달되지 않았기 때문에 아무리 팬이라도 후원을 적극적으로 하는 사람들이 매우 많지는 않다. 정말로 엄청난 충성 팬층을 거느리고 있지 않다면 들어가는 품에 비해서 수익은 생각보다 많이 나지 않을 수 있다.

오히려 라이브 채팅을 하면서 진행되는 슈퍼 챗 기능은 좀 더 수익률이 좋아지고 있는 편인 것 같다. 특히나 경제력이 있는 나이대에서 많이 보는 경제 채널이나 정치 채널 등은 슈퍼 챗이 상당히 많이 쏟아지는 것으로 알고 있다. 채널 특성상이나 개인 성향상 라이브 방송이 어려운 편이라면 '최초 공개' 기능으로 라이브 채팅을 할 수도 있다. 영상 공개 시점을 정해두고 구독자들과 함께 채팅을 하면서 영상을 볼 수 있는 기능이다.

외부 행사

채널이 커지다 보면 강연이나 라이브 커머스, 방송 출연 등의 제안이 오기도 한다. 최근에는 유명하고 인기 있는 유튜버들이 방송 출연 제안을 받는 경우가 많아지고 있는데, 비정기적이지만 이를 통해서 인지도를 높이고 영역을 확장해 나갈 수도 있다.

다른 사업과의 연계 수익

주로 자신의 인지도를 활용해서 다른 사업과 연계하여 수입을 만들어가게 되는 경우도 있다. 이를테면 '지무비' 채널의 지스토어를 통한 지팬티, 58,000% 티셔츠 판매나

(······) '사나고' 채널의 사나고숍, 혹은 '염따'의 티셔츠 판매 등이 이에 해당된다. 자신이 선택한 분야가 이런 판매 쪽에 더 발달이 되어 있다면, 애초에 영상 조회수 수입보다는 이런 사업과의 연계 수입을 고려해 채널을 만드는 것도 좋은 전략이 될 수 있다.

좋은 예로, '재미어트'의 재미어트숍에서 판매되는 킹콩 철봉도 들 수 있겠다. 채널 자체의 조회수 수익은 크게 안 될지라도, 영상에서 재미어트숍의 헬스 용품 구매로 이어지는 연결 수익으로 그보다 훨씬 큰 수익이 날 수 있다. 시작은 유튜브로 했지만 지금은 재미어트숍의 사업을 훨씬 더 확장해 엄청난 성공을 거둔 것으로 알고 있다.

조회수 같아도 연말 연초 수입 차이가 나는 이유

유튜브에 광고를 의뢰하는 모든 기업에는 각자의 예산이 있을 것이다. 만약 한 해 동안 사용해야 할 예산이 남아 있으면 기간 내에 마저 소진해야 한다. 그래서 보통 연초보다 연말에는 CPM이 더 높아지고, 조회수가 똑같아도 광고가 많이 붙다 보니 수입 차이가 생기기도 한다. 즉 평소에는 광고를 10개 넣는다고 해서 10개가 다 나오는 게 아닌데, 연말에는 다 붙을 수도 있다. 그래서 유튜버 입장에서는 만약 연초와 연말 중에 특별히 일을 더 열심히 할 계획이 있다면 연말 쪽이 좋다.

중간 광고 넣는 타이밍

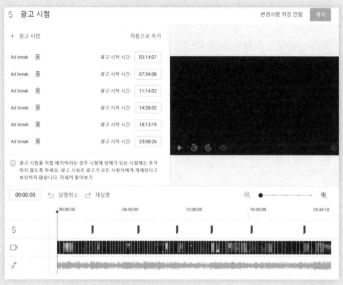

광고 타이밍

  영상에 '건너뛸 수 있는 동영상'이나 '건너뛸 수 없는 동영상' 광고를 넣을 때는 3~5분마다 한 번씩 삽입하는 것을 추천한다. 이게 많다고 느껴질 수도 있지만, 3~5분에 한 번 광고를 넣는다고 해서 그게 무조건 다 노출되는 것이 아니라 랜덤이다. 나올 수도 있고, 패스될 수도 있기 때문에 이 정도면 시청자도 불편하게 느끼지 않을 만한 횟수다. 물론 정말 운이 안 좋은 분들은 그 광고가 다 뜰 수도 있긴 한데, 그러면 그날의 불운은 다 쓴 것이니 남은 하루 동안은 좋은 일만 생기실 것이다.

광고가 들어가는 타이밍은 딱 김성주 MC를 생각하면 된다. "자, 최종 탈락자는… 바로…!! 광고 보고 돌아오겠습니다!" 각종 오디션 프로그램에서 기가 막힌 타이밍에 끊어가며 사람을 애타게 하는 진행에 당해보신(?) 적이 있을 것이다. 당연하지만 사람들은 광고가 뜨는 걸 좋아하지 않는다. 영상을 보다가 뜬금없이 광고가 뜨면, '에이, 안 봐!' 하고 해당 영상을 끝까지 보지 않고 그대로 나가버리는 경우도 굉장히 많다. 하지만 뭔가 등장하기 전이나 궁금증이 해소되기 직전, 즉 다음 내용이 굉장히 궁금해지는 그 순간에 광고가 나오면 이를 참고 기다리다가 다시 몰입하게 될 수 있다. 광고로 인한 이탈률을 방지하기 위해서는 그 타이밍을 잘 잡아야 한다.

04 광고 시장은 직접 개척한다

광고 시장을 본인이 직접 개척할 수도 있다. 지금은 유튜브를 통한 영화, 드라마 광고가 굉장히 활성화되어 있지만 내가 영화 유튜브를 시작하던 4년 전만 해도, 또 그보다 앞선 1세대 영화 유튜버들이 유튜브를 시작하던 6년 전만 해도 영화나 드라마 광고를 유튜버에게 맡기는 것은 상상도 할 수 없던 시절이었다. 또한 그런 사례 역시 전무했다. 하지만 지속해서 윈윈할 수 있는 영상, 즉 그저 유튜브 내 1차 소비에서 끝나는 것이 아니라 2차 소비로 이루어질 수 있는 영상을 꾸준히 제작하며 그 효과도 증명하다 보니 서서히 영화 광고가 들어오기 시작했다.

예를 들어 〈인시던트〉라는 스페인 인디 영화를 소개한 적이 있다. 내가 소개 영상을 제작하기 전만 해도 아는 사람이 거의 없으며 영화 순위 3만 위 밖의 마이너 영화였는데, 소개 영상을 제작한 후 400만이 넘는 조회수와 함께 유튜브 인기 급상승 1위에 등극했다. 그러자 말도 안 되는 일이 벌어졌다. 어제만 해도 영화 순위 3만 위 밖의 아무도 모르던 영화가, 최신작이 1~20위를 차지할 수밖에 없는 VOD 구매 순위에서 돌풍을 일으킨 것이다. 무려 네이버 VOD 판매 순위 1위, 구글 플레이 VOD 순위 2위를 석권했다.

이 외에도 〈레디우스〉, 〈팬도럼〉 등 여러 영화에서 비슷한 현상이 일어나고 확실한 효과가 드러나자 서서히 신작들에 대한 광고 요청이 들어오기 시작했다. 특히 영화 〈극한직업〉 소개 영상의 경우 하루 만에 조회수 300만 회와 인기 급상승 1위 영상에 등극하며 코미디 영화 최초 관객 수 1,600만 명을 돌파하는 데 크게 일조하게 됐다.

이렇듯 신작 영화 광고에서도 엄청난 조회수와 확실한 광고 효과를 보여주자, 더 많은 영화사가 너도나도 할 것 없이 광고 의뢰를 하기 시작했고, 지금은 마치 전광판 광고하는 것처럼 유튜브 광고가 하나의 절차가 되어버렸다. 자신이 뛰어든 분야에서 특출난 성과를 보여주면 없던 광고 시장도 개척해 나갈 수 있다는 뜻이다.

브랜드 광고 콘텐츠 진행 단계 A to Z

브랜드 광고를 처음 받게 되는 경우, 개인이 계약을 체결하는 경험이 많지 않다 보니 처음에는 다소 시행착오를 겪을 수도 있을 것 같다. 브랜드 광고는 광고주와 유튜버가 비용부터 기획 부분까지 서로 만족할 수 있도록 조율해나가는 과정이 중요하다. 대략적인 진행 과정을 간단히 소개해보려고 한다.

견적서 양식 미리 작성하기

보통 유튜버가 직접 게시해놓은 메일 주소 등으로 광고 제안이 온다. 어떤 광고인지, 이런 콘텐츠를 만들고 싶은데 가능한지, 일정이나 소요 기간은 얼마나 되는지와 함께 견적 문의를 함께 보내온다. 그럼 해당 내용에 대해 회신을 하면 되는데, 특히 채널이 커지게 되면 광고 요청도 많아지기 때문에 견적서를 미리 작성해두는 것이 좋다. 견적서에는 대략 아래 항목을 포함한다.

· 가격(VAT 별도 여부 표기)
· 업로드하는 플랫폼
· 라이선스 비용(내 채널 외에 영상을 활용할 시 추가적인 비용)

견적서에 필수 포함되어야 하는 조건

견적서는 가격에 대한 협의를 하는 부분이기도 하지만 일종의 내가 제시하는 계약서이기도 하다. 진행하면서 생길 수 있는 이슈들에 대해서도 미리 조건을 협의해두는 것이 좋다.

진행 확정 후 취소 개런티

진행 확정 후 캔슬되는 경우가 많지는 않지만, 간혹 진행 확정 후 광고가 취소되는 경우가 있다. 진행이 확정되었다는 것은 내가 시간을 투자해 작업에 들어갔다는 것을 의미하므로 각 단계에서 캔슬될 시의 위약금에 대한 내용은 표기해두는 것이 좋다. 예를 들면 스크립트 단계에서 캔슬 시 50%, 영상 초안 시 80%, 영상 완료 시 100% 같은 식이다. 진행 중간에 광고주 쪽에서 캔슬하는 경우에 대한 위약금을 명시해두지 않으면 혹시나 일을 하고도 비용 처리가 애매해지는 난감한 상황이 생길 수 있다.

수정 요청 횟수 제한 및 비용 추가를 두어 무분별한 수정 요청 방지

수정 횟수 제한에 대한 옵션을 미리 설정해두지 않으면 자잘한 수정을 끝없이 하게 되는 불상사가 발생하기도 한다. 특히나 영상이 완료된 후에 수정을 하는 것은 더 번거롭기 때문에, 초반 스크립트 작업 시 확실하게 검토하고 다음 단계로 넘어가는 것이 가장 좋다. 나의 경우에는 영상의 경우는 1회는 무료, 2회부터는 추가 비용이 발생하며 4회 이상의 수정 요청은 불가하다는 것을 명시하고 있다.

협의 불가능한 채널의 톤 앤 매너와 기타 사항들

광고를 진행한다고 해도 내 채널의 톤 앤 매너는 여전히 유지해야 한다. 광고주에게 만족스러운 결과물이 나오는 것도 중요하겠지만, 내 채널 구독자들이 보고 싶어 하는 채널의 특색이 무너지고 생뚱맞은 영상이 나와버리면 곤란하다. 물론 내 채널의 색깔을 좋아하고 매너 있게 진행하는 광고주도 많지만 간혹 무리한 간섭을 하는 광고주도 있기 때문에, 이 부분에 대해서도 미리 명시해두는 것이 좋다.

특히 내 의견이 아닌 무조건적인 칭찬과 좋은 말만 요청하는 경우가 있다. 따라서 견적서에 과도한 편집 관여와 칭찬 강요는 미리 거절한다는 뉘앙스의 말을 명시해놓아야 한다. 그래야 불편한 상황들을 미리 예방할 수 있고, 그런 상황이 닥치더라도 손쉽게 해결할 수 있다. 아무리 광고라도 거짓 칭찬은 절대 금물이다.

기획안 구성과 피드백 후 업로드

견적서를 공유하고 진행이 확정되었으면, 그때부터 기획안을 구성한다. 광고주의 요청을 고려해 기획안을 작성한 뒤 광고주에게 피드백을 받고, 피드백 중 받아들일 수 있는 건 받아들이고 거절할 것은 명확히 거절하며 서로 협의하에 최종 기획안을 완성하게 된다. 그 기획안을 기반으로 영상을 제작한 뒤, 마찬가지로 영상 초안을 보내 피드백을 주고받고 최종적으로 협의된 날짜에 업로드하면 된다. 처음에는 광고를 받았을 때 자신의 의견을 말하기 어려워서 광고주의 의견을 무조건 수용하게 될 수가 있다. 하지만 앞으로 지속적으로 관계를 갖게 될 수도 있고, 또 내 채널의 톤 앤 매너를 유지해나가는 것도 중요하기 때문에 아니다 싶은 부분은 제대로 주장할 수 있어야 한다.

유료 광고 고지

유튜브 유료 광고에 관한 공정위 지침에 따라, 금

전적 지원을 받아 제작한 영상의 경우 반드시 영상 내에 해당 사실을 고지해야 한다. 시청자들이 인지할 수 있는 말이나 자막으로 언급하면 되는데 처음과 끝, 그리고 매 5분마다 해당 영상이 제작비를 지원받은 영상임을 알리도록 한다.

유튜브는 이를 쉽게 설정할 수 있게 하기 위해 유료 프로모션 체크박스 기능을 구비해두었다. 해당 체크박스를 체크할 경우 유료 광고 포함이라는 작은 박스가 영상 재생 시에 표시된다. 영상 세부 정보에서 가장 하단에 '자세히 보기'를 클릭하면 가장 상단에 위치하고 있다.

나의 경우 채널 특성상 저작권 허가와 제작비 지원 두 가지를 동시에 알리기 위해 직접 자막 포맷을 만들어 단 하나도 빠짐없이 처음과 끝 그리고 매 5분마다 자막으로 고지하고 있다. 해당 사항은 절대로 까먹지 않도록 주의해야 한다.

공포의 노란 딱지 피하는 법

소위 말하는 노란 딱지, 즉 광고 배제 마크는 유튜버에게 가장 큰 스트레스이자 공포의 대상이다. 이 노란 딱지를 받게 되는 이유는 유튜브에서 설정해놓은 가이드라인에 위배되는 사항이 포함되어 있기 때문이다. 따라서 영상을 업로드하기 전에 유튜브에서 공식적으로 제시한 '광고주 친화적인 콘텐츠 가이드라인'을 꼼꼼이 숙지하고 있어야 한다. 그래야 매번 영상을 올릴 때마다의 불안감을 없앨 수 있을 것이다.

노란 딱지가 붙거나 연령 제한을 받으면 광고가 붙지 않아서 수익이 거의 나지 않는다. 유튜브 프리미엄 이용자들이 시청한 조회수로만 약간의 수익이 발생할 뿐이라서, 사실상 수익률은 90% 이상 감소한다고 보면 된다.

하지만 그것보다 더 최악인 것은 노출량을 급격하게 감소시켜 영상의 조회수 또한 급감한다는 것이다. 수익과 조회수의 급감, 즉 영상의 가치와 내 노력의 결과를 산산조각 내는 공포의 딱지라고 할 수 있다. 그러니 반드시 한 번 이상 정독하여 숙지할 수 있도록 하자.

해당 가이드라인은 유튜브에 들어가면 자세히 명시되어 있다. 간단히 언급하자면 강한 욕설이나 저속한 언행 등의 부적절한 언어가 빈번하게 나올 경우, 맥락 없는 폭력을 집중적으로 묘사하는 경우, 노골적인 성인용 콘텐츠, 혼란이나 혐오감을 줄 수 있는 충격적 요소가 포함된 경우, 유해하거나 위험한 행위를 조장할 수 있는 경우, 혐오나 차별을 조장하는 경우, 약물이나 마약 관련 콘텐츠 등이다.

광고주 친화적인 콘텐츠 가이드라인 준수

가이드라인을 지키지 않아 경고를 받게 되는 여러 유형의 영상 중에서도 유튜브가 특히나 엄격하게 보는 절대 피해야 할 세 가지가 있다. '마약'과 '자살' 그리고 '초반부 비속어'다. 우선 마약과 자살 관련 콘텐츠의 경우 1초가 나오든 2초가 나오든, 혹은 실제 자살이나 마약을 흡입하는 행위가 아니라 연출된 연기라도 피해 갈 여지가 없다. 이 두 가지가 노출되는 순간, 유튜브 봇이 지금 당장 노란 딱지를 부여하지 않더라도 언젠가 노란 딱지를 받을 확률이 58,000%라고 보면 된다.

초반부 비속어 사용에 대해서도 상당히 보수적이고 까다롭게 노란 딱지를 부여한다. 즉, 영상 시작 15초 이내에 비속어 사용은 심하지 않은 욕설일지라도 장기적으로 무조건 노란 딱지가 부여된다. 예를 들면 '개자식' 정도의 가벼운 비속어 또한 포함되므로 인트로 부분엔 항상 주의를 기울여야 한다.

특히나 노란 딱지를 받는 최악의 경우는 유튜브 알고리즘 검토를 받고 무사히 첫 업로드 후, 한창 스퍼트를 타고 있는 순간에 노란 딱지로 변환되는 것이다. 예를 들어, 내가 2주를 통째로 쏟아부어서 공들여 제작한 40번째 'G리는 시리즈'의 'G렸던 메소드 연기들' 영상에는 초반부에 이런 장면이 있었다. 영화 〈독전〉에서 배우 조진웅 씨가 마약을 흡입하는 연기를 하기 위해 소금을 마시고 얼굴이 시뻘개지는 메소드 연기 장면. 이를 2초 정도 삽입했는데 해당 영상은 노란 딱지를 받게 되었고, 직접 검토 요청을 해서 실제로는 소금이라고 설명해봤지만 칼같이 거절당했다. 업로드 2시간 후, 시간당 조회수 8만 회가 나오고 있던 무렵이었다……. 덕분에 영상의 제목이었던 '울다가 웃다가 우는 연기해주세요' 따라 웃다가 우는 지무비가 되어버렸다.

사실 노란 딱지는 봇이 검토하여 붙여주는 것이기 때문에 억울한 케이스도 많다. 성인 남성의 민머리를 아동으로 착각해 아동용으로 분류해버린 케이스도 유명하고, 도대체 기린이나 고양이를 무엇으로 인식했는지 알 수 없는 혼돈의 노란 딱지가 붙었다는 사례도 있다. 나도 한번은 18세 관람가인 〈처키〉라는 드라마 영상을 올렸는데 유튜브에서 아동용으로 분류해 댓글을 막아버렸다. 그런데 실제로는 아동용 영상이 아니니까, 댓글이 막혀 있으면 시청자들은 '무슨 일이 있나? 사고쳤나?' 하고 오해를 한다. 별 수 없이 내가 손으로 다시 댓글창을 열고, 봇이 또 닫고, 또 열고, 치열한 싸움을 한 끝에 최종적으로는 나의 승리로 끝난 적이 있었다.

07

무분별한 악플은
영원한 블랙홀 속으로

채널이 커지면서 무수히 많은 사람이 영상을 보다 보면 이상한 사람도 많아지기 마련이다. 즉 정당한 비판이나 피드백이 아니라 그저 맥락 없는 욕설과 유언비어, 비방을 하는 사람들도 일정 비율로 생겨난다. 연예인도 아닌 평범한 일반인이 이런 일을 처음 겪다 보면 생각보다 큰 타격을 받을 수 있다. 칭찬해주는 좋은 댓글이 100개 달려도 무논리의 악플 1개만 머릿속에 각인되는 것이다.

하지만 이런 '이유 없는' 악플에 멘탈이 너무 흔들리지 않도록 하자. 유시민 작가는 〈표현의 기술〉이라는 책에서 악플을 대처하는 방법은 '완벽하고 치열한 무플'이라고 조언했다. 악플을 원천 차단할 방법 따위는 애초에 없지만, 굳이 남이 쏘고 간 화살을 주워 내 가슴에 꽂고 상처로 간직할 필요도 없다는 것이다. 나 역시 가장 공감하는 대처법이지만, 막상 무시하는 것도 쉬운 일은 아닐 수 있다. 하지만 정말 다행히도 유튜브에서는 악플에 의연해지기 어려운 사람들을 위해 유용한 대처 방법을 제공하고 있다.

악플과의 전쟁

채널이 커지고 시청자가 늘어나면 악플은 어쩔 수 없이 맞닥뜨릴 수밖에 없는 숙명이다. 어느 정도 규모가 있는 채널이라면 단언컨대 악플이 전혀 없을 수는 없다. 표본이 많아지면 그만큼 이상한 사람들도 유입될 수밖에 없기 때문이다. 심지어 피겨 퀸 김연아나 국민 MC 유재석도 악플은 피할 수가 없다고 한다.

물론 비판은 겸허히 수용해 성장의 밑거름으로 삼아야 하지만 여기서 말하는 악플이란 비판이 아닌 무분별한 비방과 욕설, 인신 공격 등을 남기는 댓글을 뜻하는 것이다. 내가 태어나서 처음 받은 악플은 '화장실에서 녹음하냐?'였다. 당시에는 상당히 상처였고 지금까지도 잊지 못하고 있지만, 심지어 이것까진 피드백으로 받아들여 마이크를 교체했다. 나는 그래도 멘탈이 약한 편은 아니라고 생각하는데, 사람에 따라 유튜브를 하면서 악플이 가장 힘든 부분이 될 수도 있을 것 같다.

다만 악플에 대해서는 내가 자신 있게 말할 수 있는 조언이 두 가지 있다. 첫 번째는 앞서 언급했듯 무대응이다. 그들은 관심을 먹고 사는 종자다. 내가 대응을 하고 그들과 싸우고 받아치면 오히려 그들에게 양식을 주는 셈이다.

두 번째는 바로 '채널에서 사용자 숨기기 기능'을 적극 활용하는 것이다. 악플러를 근절하기 위해서 유튜브에서 만든 신의 기능이다. 이 기능으로 해당 유저를 차단하면 그는 내 채널 안에서는 무슨 짓을 하든 혼자만의 세계에서 떠들고 욕하는 블랙홀에 빠지게 된다. 나도 못 보고 남도 못 본다. 댓글을 삭제하면 더 노발대발 날뛰는 악플러들 때문에 만든 기능이 아닌가 싶다. 아마 1년 이상 된 웬만한 유튜버라면 최소 100명 이상의 블랙홀에 빠진 친구들이 존재할 것이다. 그들은 지금도 혼자 떠들고 있다.

필터 단어도 설정할 수 있다. PC 크레이터 스튜디오의 왼쪽 하단, 설정을 누르게 되면 아래와 같은 화면이 뜬다.

여기서 커뮤니티 탭을 누른 뒤 아래로 가면 다음과 같이 차단 단어를 설정할 수 있다.

예를 들어 '대머리'란 단어를 설정해놓으면 누군가 해당 단어가 들어가는 댓글을 입력할 시 자동으로 숨겨지는 기능이다.

나 같은 경우, 성인물 스팸 댓글을 방어하기 위해 그들이 사용하는 수백 개의 변질 단어들을 설정해놓았는데, 이를 자신이 싫어하는 단어나 말로 설정해놓을 수도 있다.

무분별한 악플을 제외한다면, 댓글을 보면서 전체적인 반응이나 여론을 파악하는 것은 앞으로 영상을 만들어나가는 데 있어서 중요한 피드백이 된다. 내 영상을 감상하고 의견을 남겨주는 댓글은 항상 고맙고, 일일이 답변하여 소통하는 것도 좋지만 현실적으로 모든 댓글에 답변하는 게 어렵다 보니 아쉬운 마음이 있다. 하지만 답변을 남기지 못하더라도 항상 댓글을 읽으면서 보는 분들의 의견을 확인한다. 구독자들의 취향과 반응에 따라 장점은 더 탄탄하게 발전시키고 비판은 겸허하게 수용하는 자세는 항상 필요하다.

PART 5

08

MCN은 가입해야 할까

MCN은 멀티 채널 네트워크, 흔히 알고 있는 샌드박스 같은 유튜버들의 소속사를 말한다. MCN 쪽에서 뜨고 있는 유튜버들에게 먼저 계약을 제안하기도 하고, 혹은 사이트에 가서 직접 가입 신청을 할 수도 있다. 하지만 유튜브를 한다고 해서 MCN에 꼭 가입해야 하는 것은 아니기 때문에, 현실적으로 자기 채널의 분야와 상황에 따라서 MCN이 필요한지 따져볼 필요는 있다.

보통 MCN이 연예기획사처럼 철저한 매니지먼트를 해줄 것이라고 기대하고 가입하는 경우가 많은데, 그 정도를 기대하고 간다면 철저한 오산이다. 필요한 경우 스튜디오 대여를 해주기도 하고, 유료 폰트, 유료 음악 등을 지원해주기도 하며, 광고 제안이 왔을 때 중간에서 커뮤니케이션을 대행해주기도 하지만 솔직히 대부분은 직접 할 수 있는 부분이다.

계약하기 전 어떠한 부분을 지원받을 수 있는지, 그리고 자신의 채널에 현재 필요한 지원인지 확인해야 한다. 또한 계약 조건, 특히 그들이 취하는 이익은 무엇인지 등을 확실하게 검토 후 가입하는 것을 추천한다. 왜냐하면 MCN은 자원 봉사 단체가 아니라 이익을 추구하는 회사이기 때문에, 이러한 지원을 해주고 애드샌스 수입 등을 수수료로 나누는 경우도 있고 광고 수수료 또한 큰 비율로 나누기 때문이다. 즉 MCN 가입으로 오히려 가장 중요한 수익이 더 줄어드는 경우도 있으니 심사숙고해서 결정해야 한다.

물론 장점도 많다. 유튜브 크리에이터라는 직업은 기본적으로 늘 혼자서 활동하다 보니, 먼저 사람들에게 적극적으로 손을 내밀지 않으면 고립감을 느낄 수 있는 외로운 직업이기도 하다. MCN에 소속되면 아무래도 같은 직종의 사람들이 모이고 각종 친목 행사도 주최해주기 때문에 다른 크리에이터들과 친해질 만한 기회가 많은 것이 큰 장점이다. 샌드박스의 경우 다양한 액티비티를 개최하거나 유튜브 스터디를 구성해주기도 하고, 연말에는 굉장히 큰 규모로 연말 파티도 한다. 이 연말 파티가 내가 샌드박스를 가입한 이유…읍읍! 유명한 크리에이터들이 많이 모이기 때문에 이 자리에서 친분을 쌓기도 하고, 혹은 다른 채널과 콜라보를 하고 싶을 때도 MCN을 통해 손쉽게 제안해볼 수 있다.

결론적으로 MCN은 자신의 니즈에 따라 가입 여부를 심사숙고해보는 게 좋다. 그래도 굳이 가입한다면 샌드박스가 베스트가 아닐까 싶다. 필성이 형, 도티 형 사랑합니다. 샌드박스 짱짱맨! … 이건 농담이지만, 정말 여러 명의 유튜버들에게 통계를 내본 결과 샌드박스의 선호도가 가장 높았다. 물론 표본 수는 서른명 정도에 불과하므로 표본 그룹이 바뀐다면 다른 결과가 도출될 수 있다. 가볍게 참고만 하며 직접 따져보시길 권하겠다.

시그니처가 빠지면
아쉬울 확률 58,000%

영화의 클리셰 장면들이 있다. 이를테면, 외국 공포 영화에서 제일 먼저 호들갑을 떨면서 도망가는 조연은 오히려 제일 먼저 죽을 확률이 58,000%다. 이런 장면에서 근본 없는 수치지만 58,000%라는 표현을 자주 사용하다 보니, 요새는 '지무비' 영상이 업로드되면 왜 이번 영상에는 '58,000%'가 안 나오냐는 항의성(?) 댓글도 종종 보인다.

별 의미 없는 이 숫자가 내 채널의 시그니처처럼 되면서 최근에는 58,000%가 새겨진 굿즈까지 만들었다. 이렇게 시그니처로 굿즈를 만들 수도 있지만, 반대로 굿즈가 나의 시그니처가 될 수도 있다. 예를 들면 '지팬티'를 만든 건 판매용이기도 했지만, 영상 속에서 알몸으로 나오는 인물 몸에 모자이크 삼아서 입혀주는 용도로도 사용하고 있다.

지무비의 공식 굿즈인 58,000% 티셔츠와 G팬티

'지무비' 채널 외에도 인기 있는 채널을 보면 그 채널이 가지고 있는 시그니처가 있는 경우가 많다. 일부러 의도해서 만들기도 하고, 자주 반복되는 표현이나 장면이 구독자들에 의해서 시그니처처럼 굳어지기도 한다. 또 다른 예로 'haha ha' 채널은 아재 감성의 촌스러운(?) 폰트가 이제는 채널의 시그니처로 자리 잡아서 절대 폰트를 바꾸지 말아 달라는 구독자들의 요청이 많다. 이처럼 자신의 특별한 시그니처가 하나쯤 있으면 다양하게 활용하기에도, 시청자들에게 각인되기에도 좋다. 기본적으로 유튜브도 일종의 브랜딩이나 마찬가지이기 때문이다.

10 유튜브에서 지급하는 상, 플레이 버튼

구독자 수 자체는 유튜브 수익과도 연결되지 않고, 구독자 수가 많다고 해서 영상을 더 많이 추천해주는 것도 아니다. 정말 대세인 20만 구독자 유튜브가 200만 구독자 유튜브보다 훨씬 조회수가 잘 나올 수도 있다. 그래도 구독자 수가 영상의 조회수나 파급률에 어느 정도는 관여를 하는 것도 사실이고, 일단 유튜브를 하면서 구독자 수를 의식하지 않을 수는 없을 것이다.

유튜브 자체에서도 구독자를 어느 정도 달성했을 때 일종의 보상으로 플레이 버튼을 지급하고 있다. 10만을 달성하면 실버 버튼, 100만은 골드 버튼, 그 다음은 1,000만 다이아 버튼, 5,000만 루비 버튼, 그리고 1억 명을 달성하면 레드 다이아몬드 버튼을 준다. 레드 다이아몬드 버튼을 받은 사람은 전 세계에서 여섯 채널도 되지 않는다(2022년 10월 기준).

물론 실제로 은이나 금, 다이아라면 훨씬 좋겠지만 아쉽게도 그렇지는 않다. 하지만 플레이 버튼을 받는 것도 기분 좋은 이벤트고, 무엇보다 내 채널을 고정적으로 지켜봐주는 시청자들이 그만큼 있다는 것은 채널을 지속해나가는 든든한 힘이 된다.

유튜버의 삶에 대해서

마지막으로 유튜버로서의 삶에 대해 아주 솔직하게 이야기해보고자 한다. 이를 통해 현실적인 선택과 판단을 내리는 데 있어 조금이나마 도움이 되었으면 한다.

출근도 없지만 퇴근도 없는 삶

전업 유튜버가 된다는 것은 결국 프리랜서 선언이

다. 출퇴근을 하지 않고 주도적이고 자율적으로 일할 수 있다는 것이 가장 큰 장점일 것이다. 내가 하고 싶을 때 할 수 있고, 쉬고 싶을 때는 쉴 수 있다. 다만 성향에 따라서 이렇게 자율적인 상황에서 더 열심히 하는 사람도 있고, 또 데드라인이 없는 일을 하다 보니 오히려 늘어지거나 무기력해지는 사람도 있을 것이다. 자신의 성향을 고려하지 않고 그저 막연하게 시작하다 보면 죽도 밥도 안 될 수 있다는 점도 생각해볼 필요는 있다.

사실 유튜버라는 직업이 놀고 먹으면서 돈도 많이 벌 거라고 생각하는 사람들도 있을 것이다. 사람에 따라 다르겠지만 나는 지난 3년 동안 말 그대로 잠자는 시간 외에는 일만 했던 것 같다. 보통 밤새서 일을 하다가 새벽 5~6시쯤 잠들고, 1시쯤 일어나서 밥을 먹는다. 마감이 바쁘면 밥을 패스하고 일부터 하다가 3~4시쯤 첫 끼를 먹기도 한다. 편집자들과 회의를 하고, 할 일을 정리하고, 또 잠들 때까지 일하는 일상의 반복이다. 가끔 시사회나 광고 미팅 등이 있으면 외출을 하지만 별일이 없을 땐 며칠씩 집 밖으로 안 나갈 때도 많다.

휴일 따위 없고 조금의 과장도 없이 실제로 주 7일 일하는 중이다. 지금 이 글을 쓰고 있는 날짜가 2022년 11월 1일인데, 단 30분도 일하지 않고 마음 놓고 놀고 쉬어본 날이 작년 9월 중 이틀이다. 즉 마지막으로 푹 쉬어본 지 1년 2개월이나 지난 것이다. 목표가 있고 내가 하고 싶어서, 내 의지로 하고 있는 것이라 이런 생활을 지속 중이긴 하지만 이를 몇 년 동안 반복하다 보니 건강검진을 하면 별의별 게 다 나온다. 간혹 '형 요새 무리하네, 건강보단 영상이 우선이야'라는 우스개 댓글이 달리는데, 정말로 그렇게 살아오고 있었던 것 같다.

물론 유튜버를 하면서 얼마나 욕심을 내는지, 또한 자신의 가치관이 어떤지에 따라서 그 일과와 노동 강도는 현격히 달라질 것이다. 하지만 주변의 유튜버들 특히 잘나가고 있는 유튜버들을 보면, 열이면 아홉은 오히려 일반 직장인보다 훨씬 더 바쁘게 지내는 것이 일반적이다. 정해진 출근은 없지만 또 정해진 퇴근도 없는 생활이라는 게 유튜버의 장점이자 또 단점이기도 하다. 특히 일에 대한 의욕이나 목표가 뚜렷한 사람이라면 유튜버로서 성공하고 잘나갈수록 자유롭고 여유로운 삶과는 오히려 거리가 멀어질 수도 있다.

EPILOGUE

취미가 일이 되었을 때

나는 영화를 좋아해서 영화 유튜브를 시작했다. 하지만 취미로 즐기던 일이 직업이 되었을 때 그 느낌은 기존과는 사뭇 다르다. 단도직입적으로 영화라는 취미를 이전보다 잘 즐기지 못하는 것이 사실이다. 영상 작업을 하고 있는 기간에는 그 영화만 집중해야 하다 보니, 다른 보고 싶은 영화를 볼 시간이 많이 없어지기도 했다. 특히 일종의 직업병이 하나 생겼는데, 내가 영상으로 제작하지 않으려는 영화나 작품을 취미로 감상하더라도 습관적으로 편집 각을 생각하며 보게 된다. '어, 이 장면 인트로로 좋겠는데?' '여기서 이 드립을 넣으면 재밌겠는데?' '이 장면을 썸네일로 사용해야겠군' 이런 생각들이 영화를 보면서 끊임없이 떠오른다. 사람에 따라 다르겠지만 좋아하는 취미를 일의 영역으로 가져왔을 때 좀 더 프로페셔널해져야 하는 부분이 있는 만큼, 머리를 비우고 그저 순수하게 즐기기는 어려워진 것 같다.

내 삶에 일의 비중이 높아지고 직원까지 뽑으면서 영화를 즐기기보다는 업무 영역에 더 가까워진 부분도 있다. 혼자서 하면 그만큼 버거운 부분도 있지만, 또 직원이 생기고 나면 다른 종류의 책임감이 무거워진다. 어떤 사람과 일하게 되느냐에 따라서 플러스가 될 수도 있고 반대로 스트레스가 될 수도 있을 것이다. 취미로 즐기는 수준을 넘어서 확실하게 자신의 역할을 해내고 효율적으로 운영도 해야 하기 때문에, 어느 정도 자리를 잡은 만큼 어깨가 무거워질 수밖에 없는 문제다.

100% 성과제

자율적인 직업인데도 하루를 바쁘게 보내게 되는 이유는 물론 성과에 대한 욕심 때문이다. 오로지 내가 하는 만큼 성과를 얻게 되는 100% 성과제인 직업인 만큼, 잘되면 잘될수록 더 열심히 하게 될 수밖에 없다. 지난 달보다 수익이나 조회수가 감소하면 내가 뭔가 잘못하고 있는 것 같은 묘한 압박감이 밀려오면서, 성장세를 지속하고 싶은 마음에 밤샘 작업은 물론 일주일 동안 20시간도 못 자고 일한 적도 있다. 생각해보면 이것도 일종의 직업병이 아닐까 싶기도 하다. 물론 그런 욕심 때문에 더 빠르게 성장할 수도 있었으니, 욕심은 양날의 검인 셈이다.

유튜브는 월급이 따박따박 들어오는 것이 아니라 딱 내가 하는 만큼 수익이 난다. 많이 번다면 장점이지만 녹록치 않을 때는 큰 단점이 될 수 있다. 그러다 보니 그에 대한 압박감과 스트레스도 만만치 않다. 아마 모든 유튜버들이 마찬가지일 것이다. 콘텐츠를 하나 올렸을 때 그날 영상의 트래픽이나 반응에 따라 그날 하루의 기분이 좌우된다. 끊임없이 트래픽을 점검하고 스스로 채찍질하면서 일과 하나가 되고 그렇게 점점 더 일의 노예가 되어가는 것이다. 예시로는 노예 '지무비' 가 있다.

특히 유튜브는 채널의 통계와 분석 결과를 상당히 자세하고 정밀하게 보여준다. 수익과 같은 각종 주요 통계도 매일 갱신된다. 즉, 어제의 성과를 바로 이튿날 아주 상세히 확인할 수 있는 것이다. 뿐만 아니라 조회수의 경우는 1분마다 업데이트된 결과를 실시간으로 제공한다. 채널에 애정이 있는 유튜버라면 이 통계치를 하루에 적어도 20번은 족히 확인할 것이다. 개인적으로는 유튜브 통계 어플을 하루에도 최소 50번은 보

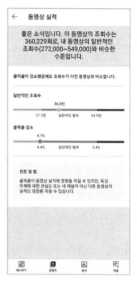

는 것 같다.

직장 상사는 없지만 지난 달보다 몇 프로 성장했는지, 또 몇 프로 하락했는지 유튜브 스튜디오 어플의 아주 구체적인 실시간 채찍질이 끊임없이 이어진다. 또한 구독자와 시청자들의 강한 질타와 피드백 댓글이 들어오기도 한다. 통계치가 좋지 않으면 내가 뭔가 잘못하고 있는 것 같아서 더 고민하고, 더 많은 시간을 투자해 우상향을 유지하고자 움직이게 된다.

물론 잘하는 만큼 성취감도 느끼고 그에 따른 수익도 창출할 수 있기 때문에 반대로 의욕이 생기고 동기 부여가 되는 부분도 분명히 있다. 내가 좋아하는 분야에 더 파고들고 계속해서 더 큰 가능성을 바라볼 수 있는 일인 만큼 여전히 큰 보람과 만족감을 느끼는 것도 사실이다.

100% 주도하는 삶

이처럼 사람들이 생각하는 것보단 단점들도 훨씬

명확하고 많은 직업이지만, 사실 나에게는 정말 만족스러운 직업이기도 하다. 앞서 언급한 일의 강도 또한 결국은 본인이 정하는 것이다. 목표치나 성장 그리고 수익보다 워라벨이 우선이라면 그렇게 하면 된다. 자신의 가치관에 따라 자유롭게 결정하면 되는 것이다.

100% 성과제로부터 오는 압박감만큼이나 100% 주도할 수 있는 삶에서 오는 만족감은 더 크다. 오늘 일을 할지 말지, 이 영상을 몇 시에 올릴지, 이 광고를 받을지 말지, 채널의 톤 앤 매너는 어떻게 설정할 것인지, 영상의 기획, 구성부터 시작해 크고 작은 모든 사항을 오로지 내 의지로 결정하는 것은 상당히 매력적이다.

또한 수익 부분에서 만족감 또한 매우 높다. 책의 제목에 대해 먼저 말하자면, 《유튜브 엑시트》는 중의적 의미의 제목이다. 첫 번째는 이 책의 내용을 체득하면 이제 더 이상의 유튜브 강의나 책은 필요 없다는 말 그대로 '유튜브 엑시트'라는 뜻. 일종의 유튜브 하는 법에 관한 졸업 책을 만들고자 한 의미다. 두 번째는 유튜브로 경제적 자유 얻기, 즉 '경제적 엑시트'를 의미해 지은 제목이다.

구체적으로 밝히기는 부담스럽지만, 사실 지난 4년간 나는 유튜브로 내 기준에서는 경제적 자유를 달성했다고 할 수 있을 만한 수익을 얻었다. 소위 말해 '엑시트'. 그렇지 못했다면 책의 제목을《유튜브 엑시트》라고 지을 자격이 없었을 것이다.

그럼에도 여전히 주 7일, 어마어마하게 일을 하는 이유는 수익보다는 내가 좇고 있는 더 큰 목표와 채널의 영향력, 그리고 내 영상으로 많은 분들이 즐거워할 수 있다는 것에 큰 만족감을 느끼고 있기 때문이다. 내가 올린 영상 덕분에 아무도 모르던 영화가 신작들을 제치고 VOD 판매 순위 1위를 차지하고, 소개한 드라마의 시청률이 한 번에 5%가량 상승하며, 소개한 옛날 드라마가 OTT 플랫폼 인기 순위에 갑자기 오르는 것 등을 보면 희열을 느낀다.

시청자들의 칭찬 댓글들 또한 원동력이다. 비록 매운 피드백이 올 때도 있지만 영상 퀄리티에 대한 칭찬, 그리고 내가 고심해서 넣은 유머들에 대한 긍정적 반응 등을 볼 때면 이 일이, 이 유튜버란 직업이 참 행복하다.

솔직히 언제까지나 이렇게 내 삶 없이 일에만 몰두할 수는 없을 것이다. 하지만 구독자와 시청자 분들에게 항상 감사하며 이 즐거움이 유지될 때까지는 앞으로도 더욱 열심히 달려보려 한다.

이처럼 모든 것을 내 의지로,
100% 주도해나가는 삶을 통해 '엑시트' 하는 것.
한번 도전해볼 만하지 않은가?

지무비 실제 스크립트 공개

다음은 실제로 내 큐레이션과 'G리는 시리즈' 대본 일부를 발췌한 스크립트다. 먼저 〈술꾼도시여자들〉 스크립트 예시다. 해당 영상은 조회수 1,000만을 기록하며 〈술꾼도시여자들〉을 티빙 역대 최대 가입자 수 유입 콘텐츠로 끌어올리는 것을 견인했다. 유튜브에 '지무비 술꾼도시여자들'을 검색해 해당 스크립트가 영상과 함께 어떤 식으로 연출되었는지 비교하며 보면 더 도움이 될 것이다.

술꾼도시여자들 스크립트

<인트로>

ep1

한 술집에 들어서는 남자.

이 남자는 잠시 후 소개팅을 하게 된다.

(롤 소환사의 협곡 성우 나레이션임)

그리고 기분 탓인지 협곡에 온 것 같은 기분이 든다.

소환사의 협곡에 오신 것을 환영합니다.

혹시 강지구… 씨

는 아니시구나

내가 강지군데?

먼저 도착해서 소주를 까고 있는

특이한 소개팅녀… 강지구

이어서…
후래자삼배
G각주를 요구하는데…

여자 1호는 농담을 해본 적이 없다

어림도 없다 밈 삽입

진짜 세 잔을… 쳐맥이죠

웃음기라곤 1도 없는 강적

남자 1호는 다른 주제로 대화를 시도해보지만

그 유튜버시라고 들었는데

혹시 어떤 유튜버인지 여쭤봐도 될까요?

종이접기

그녀의 소통 방식은

마셔

마시라고

오직 술

여자 1호는 말끝이 짧다

그리고

합술
적군의 잔에 독을 타지 않았다는 걸 증명하는 우호적인 기술

(타자기 효과면 느낌 있을 듯) 합술 설명 느낌으로

부 록

본격적으로

지금부터 그 잔은 이 테이블에 내려놓지 않는 걸로

그녀의 소통(?)이…

시작됩니다.

한 잔

두 잔

세 잔

열 잔

삼십 잔

취하지 마 내가 허락하면 취해

눈깔 떠

해당 내용 삽입 시 눈깔 착하게 뜨고 다녀 마동석 밈 고려

순식간에 치사량에 도달하지만

지금부터 정신력이야

못하겠음 여기서 포기해

계산하고 나가

계산이라는 워딩이

그를 각성시키죠

라젠카 비지엠 삽입

그리고 드디어 찾아온 탈출 각

자 이제 다 먹었으니깐

일어날까요?

후식은?

어림도 없다 밈

먹어야죠

사장님 여기 미쏘로 둘 주세요

그 후식…

"**미쏘**"라함은…

미지근한 소주…!

자고로 소주는 미지근할 때가 진짜거든

심지어

빨대로…

자, **느껴 봐**

음미하며 먹기 시작합니다

그렇게 남자 1호의…

첫 번째 지옥 아니소개팅이

남자 1호는 방금 바지에 조금 G렸다

마무리되죠

G팬티 드립 넣기? 고려

부 록

다음은 'G리는 시리즈'의 스크립트다. 유튜브에 '지무비 G사운드'를 검색해서 영상과 함께 어떤 식으로 연출되었는지 보면 도움이 될 것이다.

알고 보면 G리는 영화 속 사운드

<인트로>

당신이 영화 속에서 마주했던

괴물 소리…

(콰이어트 플레이스 - 괴물 귀 여는 소리)

차량 소리…

(2012 - 비행기 격납고에서 차량 튀어나가는 소리)

격투 소리

악의 연대기 비교 영상 활용

점프 소리…

(맨 오브 스틸 - 슈퍼맨 첫 점프 도약 소리)

그리고 아주 사소한

소리들까지…

(채피 - 렌치 드는 소리 / 기계 모터에 손 갖다대 내는 소리)

(여기까지 원래 영화 장면 그대로 보여준 후)

이게 모두.. 실제 소리가 아닌..

반반 비교 제시하며 (콰이어트 플레이스 - 괴물 귀 여는 소리 / 야채 비틀어 내는 소리)

녹음실에서 인공적으로 만들어진…

반반 비교 제시하며 (2012 - 비행기 격납고에서 차량 튀어나가는 소리 / 철판에 철제 사물 부딪혀 내는 소리)

가짜 소리였다는 걸 알고 계셨나요?

반반 비교 제시하며 (맨 오브 스틸 - 슈퍼맨 첫 점프 도약 소리 / 야구 배트로 캐리어 친 다음 모래 뿌려 내는 소리)

31번째 지리는 시리즈
알고 보면 G리는
영화 속 사운드의 모든 것
바로 시작합니다

<본론>

1) 사운드의 중요성

영화에서 사운드가 차지하는 비중은
정말 상상 이상으로 큰데요

한 번에 와닿도록 대표적 영화의 비지엠만 살짝 바꿔 보여드려 보겠습니다.

보기만 해도 소름끼쳤던 토시오가…
공포영화에 겁나 안 어울리는 귀엽고 발랄한 음악 넣어서 제시
그저 귀여운 잼민이가 되어버리고…

부 록

장엄했던 대서사시의 명장면은…

반지의 제왕 같은 영화에 겁나 안 어울리는 개그스러운 음악 제시

https://youtu.be/KaqC5FnvAEc?t=10 (유명 사루만 패러디)

졸지에 코믹물로 전락해버리죠

2) 유명 영화음악

이처럼 배경음 하나로 장르가 뒤바뀌어버리는 음악의 힘을 확인했는데요

특히나 영화 전체의 분위기를 결정하는

오리지널 사운드 트랙

(Original Sound Track 한글 하단에 자막 제시)

즉 OST는

영화의 흥망성쇠를 결정하기도 하는 아주 중요한 요소이죠

뛰어난 OST는 아무 장면 없이

노래만 들어도…

아래 내레이션 시작 전 해당 OST 2초 정도 크게 틀어주기

가슴이 웅장해지고

내레이션 할 때 해당 OST 틀어주고

내레이션 끝난 뒤 3초 정도 더 크게 틀어주며 템포

때로는…

아래 나레이션 시작 전 해당 OST 2초 정도 크게 틀어주기

운명적 사랑의 주인공이 된 것 같고… my heart will go on?

내레이션 할 때 해당 OST 틀어주고

내레이션 끝난 뒤 3초 정도 더 크게 틀어주며 템포

때로는…

\+ 때론 ~ 갑자기 뒤에서 누가 쫓아오는 거 같고 추격 테마

누군가에게 쫓기는 기분이 들기도 하고

때론

아래 내레이션 시작 전 해당 OST 2초 정도 크게 틀어주기

벌써부터 눈물이 날 것 같기도 하고

내레이션할 때 해당 OST 틀어주고

내레이션 끝난뒤 3초 정도 더 크게 틀어주며 템포

-보류-

그리고 때로는…

신세계 OST https://www.youtube.com/watch?v=5SLDIgev8zI >>

해당 영상 10초 때부터

4초간 내레이션 없이 틀어주며

맞짱뜨실분 선착순 다ㅅㅓ 말 끊고 삐 편집 처리

심지어… 인류의 운명이 나에게 달려 있다는 느낌을 주기도 하는데요

이후 인터스텔라 배경음 무 내레이션으로 크게 2초 틀어준 뒤

아 물론 저에게 세뇌당하신 분들은

망작이 떠오르실 겁니다 삐 편집 처리

부 록

이렇게 노래만 들어도 감정을 생성해내는 좋은 OST들이
영화의 영상과 결합하여 엄청난 몰입감과 전율을 선사하는 것이죠
(라라랜드 등 뮤지컬 영화 활용)

KI신서 10662

지무비의 유튜브 엑시트

1판 1쇄 발행 2023년 2월 1일
1판 9쇄 발행 2024년 9월 9일

지은이 지무비(나현갑)
펴낸이 김영곤
펴낸곳 (주)북이십일 21세기북스

인문기획팀 팀장 양으녕 책임편집 이지연 마케팅 김주현
디자인 엘리펀트스위밍 교정교열 박은지
출판마케팅영업본부장 한충희
출판영업팀 최명열 김다운 김도연 권채영
마케팅2팀 나은경 한경화
제작팀 이영민 권경민

출판등록 2000년 5월 6일 제406-2003-061호
주소 (10881) 경기도 파주시 회동길 201(문발동)
대표전화 031-955-2100 팩스 031-955-2151 이메일 book21@book21.co.kr

(주)북이십일 경계를 허무는 콘텐츠 리더

21세기북스 채널에서 도서 정보와 다양한 영상자료, 이벤트를 만나세요!
페이스북 facebook.com/jiinpill21 **포스트** post.naver.com/21c_editors
인스타그램 instagram.com/jiinpill21 **홈페이지** www.book21.com
유튜브 www.youtube.com/book21pub
서울대 가지 않아도 들을 수 있는 명강의! <서가명강>
유튜브, 네이버, 팟캐스트에서 '서가명강'을 검색해 보세요!